LIANELLA LIVALDI LAUN

Entwicklungsaspekte im Horoskop

Standardwerke der Astrologie

Lianella Livaldi Laun

Entwicklungsaspekte im Horoskop

Karmische Verbindung oder schicksalhafte Beziehung

ISBN 978-3-89997-262-7

Umschlag: Judith Hamann, Tübingen
unter Verwendung des Bildes
Volo notturno von Aureliano Livaldi

Die Horoskope wurden mit Astroplus erstellt
Druck: SDL, Berlin

Zu beziehen über:
Chiron Verlag, Postfach 1250, D-72002 Tübingen
www.chironverlag.com

Inhalt

Für Gottfried

Einleitung

In der gleichen Minute,
als ich meine erste Liebesgeschichte hörte,
begann ich nach dir zu suchen. Ich wusste nicht, wie blind das war.
Liebende treffen sich nicht irgendwann und irgendwo.
Sie sind schon immer verbunden.
– Rumi –

Es sind schon einige Jahre vergangen seit der Veröffentlichung meines Buches DEN EIGENEN LEBENSPLAN BEWUSST GESTALTEN. Mit diesem neuen Band möchte ich das Motiv des spirituellen, vorgeburtlichen Programms der Seele weiterführen, diesmal bezogen auf die persönlichen Beziehungen.

In meiner vorigen Arbeit habe ich über den Seelenplan geschrieben, den die Seele in groben Linien vor der nächsten Inkarnation entwirft, um sich mit der unbekannten Dimension der Materie weiter auseinanderzusetzen.

Um das Verständnis für uns Menschen zu vereinfachen, wird bei medialen Botschaften berichtet, dass das Universum zwei Dimensionen enthält, die spirituelle und die materielle. Beide sind aus organisierter Energie beschaffen, unterschieden durch die Qualität der Stofflichkeit. Die Dimensionen des Universums sind unendlich und für uns Menschen nicht erfassbar. Aus diesem Grund beziehe ich mich im vorliegenden Buch auf die Welten, die für uns erfassbar und verständlich sind.

Wir sind es gewohnt dual zu denken, unsere Welt basiert auf Polaritäten, deswegen wird uns Folgendes nicht fremd erscheinen: Unser Geist ist von allem, was fremdartig ist, fasziniert, und da er eine dynamische Energie ist, entwickelt er sich fortwährend durch Berührung mit neuen Erfahrungen.

Gott erschafft den Geist und schenkt ihm ein universelles Wissen, das der Geist potenziell in sich trägt. In den Seelenschichten ist das ursprüngliche Wissen der Seele eingeprägt, das bei ihrer Entstehung aber noch nicht entfaltet ist. Es liegt nur virtuell vor und wird im Laufe ihrer Entwicklung nach und nach zugänglich.

Das Leben in der irdischen Materie ist für die Seele eine kurze Episode ihrer Entwicklung. Wenn sie alles, was für sie nützlich ist, erfahren hat, widmen sich andere Welten und deren Erlebnisse ihrer, um von weiteren notwendigen Lernerfahrungen zu profitieren. Geist und Materie sind die zwei Seiten der gleichen Medaille und sind Teil der göttlichen Schöpfung. Es gehört sowohl die grobstofflich-irdische Materie, in der sich die Seele immer wieder inkarniert, als auch der feinstoffliche Bereich, den wir als Jenseits bezeichnen und in welchem die Seele zwischen den Inkarnationen verweilt, dazu. Die göttliche Schöpfung enthält noch feinere stoffliche Schwingungsbereiche. Die geistige und die irdische Welt unterscheiden sich völlig in ihrer Beschaffenheit und sind deswegen nicht miteinander vereinbar.

Um die Dimension der Materie zu durchwandern, braucht der Geist einen Vermittler, der als Übersetzer dient. Vor Beginn des Inkarnationszyklus erzeugt er die Seele, die als »Dolmetscher« auftritt. Sie empfängt die Impulse aus der Materie, übersetzt sie in eine spirituelle Sprache und umgekehrt. Unbewusst empfangen wir durch unsere Seele spirituelle Anreize, die aus unserem Höheren Selbst kommen. Der Geist spricht durch die Seele und wir nehmen ihre Anregungen als innere Stimme wahr. Wir können uns den Geist als ein elektrisches Kraftfeld vorstellen, das Signale durch die Seele sendet. Die Seele lässt diese Botschaften durch das Gehirn dem Bewusstsein zukommen. Dank der Seele ist der Geist fähig, menschliche Gefühle zu erfahren und mit der Welt der Materie zu experimentieren. Die Seele empfängt und übersetzt z.B. Mitleid, Geduld, Vertrauen, Leidenschaft, Dankbarkeit, Mut, Vergeben, Wut, Zorn, die ganze Palette menschlicher Empfindungen und Emotionen, die in unserer Realität zu erleben möglich sind. Auch die Sinne sind nicht fassbar in der spirituellen Dimension. Der Geschmackssinn z.B. und die anderen Sinne werden durch die Aktivität des Gehirns erfahren. Wenn wir sterben und zurück in die andere Dimension »gehen«, sind mit dem Tod des Gehirns alle menschlichen Funktionen zu Ende – weil der Seele die Verbindung zur Materie fehlt. In der irdischen Existenz können wir unsere Sehnsüchte als Absichten der Seele betrachten. Sie dienen als Ansporn, die eigene Suche nach Erfahrungen, die für uns wichtig werden, zu starten.

Die Seele ist ein Decoder und feinstofflich, während der Körper zur grobstofflich-irdischen Materie gehört. Wenn die Seele den Körper verlässt, versetzt sie sich in die Schwingung ihrer Evolution und kommt zu der Gruppe der Seelen zurück, die ihr verwandt sind und sich im dem gleichen Schwingungsbereich befinden. Wir alle schwingen auf bestimmten Frequenzen, die unserer seelischen Entwicklung entsprechen, wenn wir unseren Körper verlassen. Die Existenz einer unsterblichen Seele wird auch wissenschaftlich untersucht. Der niederländischen Arzt Pim van Lommel hat sich der Frage eines Lebens nach dem Tod genähert. Seine Forschungen über die Nahtoderlebnisse haben bewiesen, dass ein endloses Bewusstsein existiert, das nicht auf die Hirnregionen begrenzt ist, und dass diese Phänomene nicht als biochemische oder elektrische Reflexe des absterbenden Gehirns erklärt werden können. Er hat eine revolutionäre Erkenntnis verbreitet: Menschen, deren Gehirn nicht mehr arbeitet, sind nicht tot, sondern noch bei Bewusstsein. Hirntod verhindert nicht, dass eine Instanz außerhalb des Körpers weiterdenken und existieren kann.

Wie ich schon in meinem Buch DEN EIGENEN LEBENSPLAN BEWUSST GESTALTEN erwähnt habe, ist es nicht vorstellbar, die Astrologie vom Bekenntnis, dass wir Träger einer Seele sind, zu trennen. In diesem Zusammenhang zitiere ich die Worte von Alexander Gosztonyi aus seinem Buch GROSSARTIGER WEG DER SEELE, SIEBEN STUFEN ZUR INNEREN VOLLENDUNG:

> Auch die Sternkonstellation bei der Geburt determiniert die äußeren und inneren Eigenschaften und das Schicksal eines Menschen nicht, sondern ist synchron zu seiner Disposition. Das Horoskop ist dem Schirmbild eines Radars oder Computers ähnlich, auf dem sich etwas abzeichnet, was jedoch

mit dem Abgezeichneten, mit Struktur und Ereignis, nicht identisch ist. Die Faktoren, die für Strukturen oder Ereignisse bestimmend sind, sind parallelgeschaltet und wirken sich auf zwei Ebenen aus: in der Sternkonstellation und in der Disposition eines Menschen, wobei der Anschein entstehen kann, als würde das eine von dem anderen abhängen. Ein Vergleich: Ein Dynamo hält verschiedene Werkmaschinen in Gang. Diese arbeiten unabhängig voneinander, jedoch gleichzeitig und in demselben Rhythmus. Das Horoskop zeigt übrigens das reiche Angebot von Chancen im Leben eines Menschen auf, die er wahrnehmen und im Interesse seines inneren Fortschrittes ergreifen kann.

Die gemeinsame Quelle synchroner Strukturen und Vorgänge liegt in der Geistigen Welt. Darum ist sie für den Menschen unsichtbar und darum besteht bei vielen die Neigung, die Disposition eines Menschen sei abhängig von seinem Horoskop bzw. der Sternkonstellation, obwohl sie voneinander unabhängig, lediglich parallel auftretende Erscheinungsbilder derselben geistigen Grundlage sind (Seite 178).

Das Horoskop liefert uns eine Vorstellung der möglichen Wege, die wir auswählen können, und zeigt unsere Charakterprädisposition, die nützlich für die Erfahrungen im Leben ist und die wir in der Geistigen Welt als groben Plan entworfen haben. Für die Seele sind die falschen Entscheidungen, die wir auf der Erde treffen, eine wichtige Lektion, weil sie uns zwingen, eine Korrektur vorzunehmen und Veränderungen anzugehen.

Das Leben mit seinem Zyklus der Inkarnationen ist Teil der Erfahrung, die der ewige Geist im Bereich der Materie auswählt. Obwohl dieser Zyklus für den Geist nur eine kurze »Episode« seiner Entwicklung darstellt, dauert dies auf Erden ungefähr 20.000 Jahre bei ca. 35 Inkarnationen.

Mehrere Inkarnationen – auch wenn sie zahlreich sein können – reichen nicht aus, um alle materiellen Erfahrungen zu erfassen. Wir brauchen dazu unsere Mitmenschen. Das Ziel der Seele, in dem sie sich während eines langen Zeitraums immer wieder inkarniert, ist, Beziehungen zu knüpfen. Im menschlichen Körper bindet sich die Seele, trennt sich, erlebt Konflikte und Kämpfe mit anderen, entfernt sich von Menschen und kommt zu ihnen zurück, liebt und hasst. Ohne Interaktion mit anderen inkarnierten Seelen könnte der Geist die Gesamtheit und die Komplexität der Materie nicht begreifen.

Beziehungen geben uns die Möglichkeit, zwischenmenschliche Verwicklungen zu erfahren, deren Verständnis für unsere Entwicklung wichtig ist. Aus diesen Begegnungen lernen wir, die Herzenswünsche der anderen zu verstehen und uns mit ihnen auseinanderzusetzen. Wir erfahren, wie wir in Interaktion zu den anderen Erdbewohnern treten können, ohne ihre Bedürfnisse zu missachten. Wir lernen, auch selbst Grenzen zu setzen, wenn andere uns behindern, weil sie von unseren Bedürfnissen frustriert sind und unsere Ziele verhindern wollen. So werden wir gezwungen, zu unserer Individualität zu stehen. Der Autor esoterischer Bücher, Rüdiger Schache, beschreibt die Begegnung zwischen inkarnierten Seelen in seinem Buch DER GEHEIME PLAN IHRES LEBENS auf diese Weise: »Ereignisfelder« werden die Umstände genannt, von denen sich die Seele auf der Erde angezogen fühlt. Diese sind wie eine Theaterbühne, die von anderen Seelen gleichzeitig mit uns betreten wird. Innerhalb unseres Lebens öffnen und schließen sich immer wieder bestimmte Ereignisfelder. Dies geschieht als begrenzter Zeitabschnitt. In dieser Zeit sind wichtige Ereignisse möglich. Wenn solche Energiefelder sich nicht öffnen, können wir bestimmte Erfahrungen nicht machen, egal, wie gerne wir sie hätten. Z. B. eine Person zu treffen und eine Beziehung endlich anzufangen. In solchen Zeiten passt die Lebensbühne nicht zu dem Erlebnis. Wir Astrologen kennen dieser Prozess bei den Transiten der sozialen und der geistigen Planeten. Ich zitiere die Worte von Schache aus dem oben genannten Buch (Seite 30):

> Ganz praktisch ausgedrückt heißt das, Sie können keine bestimmte Art von Liebesbeziehung erleben, ohne dass sich ein Raum vor Ihnen öffnet, in dem sich ein passender Beziehungspartner zeigt. Selbst wenn Sie es noch so sehr wollen, kann der Raum im Moment verschlossen sein. Er war einmal offen und er wird sich wieder öffnen, aber erst dann, wenn Sie zuvor etwas anders – eine Bedingung dafür – erlebt, verstanden und erfahren haben.

Diese Beschreibung betont die Tatsache, dass nur unter den passenden Transiten der Augenblick für eine schicksalhafte Erfahrung reif ist.

Astrologie und Beziehungen

Eine Beziehung wird vorwärts gelebt und rückwärts verstanden.
– Kenneth Branagh –

Astrologie bietet die Möglichkeit, nicht nur uns selbst, sondern auch unsere Mitmenschen zu erkennen. Das Geburtsbild eines Menschen hilft uns, seine wahren Bedürfnisse und seine Natur zu erfassen, sie zu fördern und zu respektieren. Durch die Astrologie können wir lernen, anderen gegenüber mit Respekt und Akzeptanz zu begegnen.

Da Beziehungen sehr wichtig für die Entwicklung der Seele sind, müssen Astrologen bei Partnerschaftsberatungen behutsam vorgehen und unsere eigenen Werte hinsichtlich Liebe und Partnerschaft zurückstellen. Unsere Aufgabe ist es, Beziehungen in der Weise zu analysieren, dass die konstruktiven und weniger konstruktiven Seiten aufgezeigt werden, ohne unsere persönliche Meinung und Bewertung einzubringen.

Wenn sich in einem Partnerschaftshoroskop Verhaltensmuster und Schwierigkeiten zeigen, die zu gegenseitigem Schmerz führen, dürfen wir nicht vergessen, dass diese Verbindung gerade wegen ihrer problematischen Themen – die verarbeitet, überwunden oder revidiert sowie verstanden werden wollen/müssen – die Quelle einer für beide Personen wichtigen und für die Evolution ihrer Seelen notwendigen Erfahrung darstellen kann. Natürlich sollen wir auch in der Lage sein zu beurteilen, ob die Beteiligten bereit sind, für ihren gemeinsamen Weg zu arbeiten und sich für ihre Partnerschaft zu engagieren. Aber selbst wenn das nicht der Fall ist, ist es nicht unsere Aufgabe, ihnen Ratschläge und Rezepte zu liefern, sondern wir sollten uns auf die Dynamik konzentrieren, die das gemeinsame Leben unterminieren kann, sie erläutern und bewusst uns machen.

Intuition und Sensibilität sollten uns Astrologen immer bei der Fragestellung leiten, ob sich eine Beziehung im Endstadium befindet. Auch hier dürfen wir den Beteiligten keine Entscheidungen abnehmen. Die Bewusstmachung der aktuellen Lage der Partnerschaft kann den Klienten jedoch eine Entscheidungshilfe sein.

Die Astrologie – mit Ehrlichkeit und Liebe für Erkenntnis und Selbsterkenntnis – beantwortet die Frage: »Wer bin ich und was bedeutet für mich Liebe?«

Alle Methoden des astrologischen Partnervergleichs lassen uns Dynamik, Muster, Potenziale und Themen der zahlreichen menschlichen Beziehungen erkennen.

Eine Person, die sich mit der Horoskopdeutung befasst, weiß, wie viele Facetten die menschliche Liebe kennt. Es gibt zahlreiche Weisen zu lieben und die Astrologie zeigt, wie viel verschiedene Bedürfnisse eine Liebesbeziehung oder Freundschaft befriedigen soll.

Ein Horoskop wird uns jedoch nie erkennen lassen, ob eine Liebe in reifer, bewusster Form gelebt wird oder ob sie nur einen Ich-Mangel kompensiert. Es gibt Menschen, die glauben, Eifersucht und Besitzanspruch seien Hinweise für echte Liebe, andere hingegen meinen, Toleranz und gegenseitiger Respekt für die individuellen Neigungen des Partners sind ein sicheres Anzeichen dafür, dass zwei Menschen sich wirklich lieben. Im Geburtsbild stellt sich die Notwendigkeit und Fähigkeit dar, Gefühle zu zeigen und auszuleben. Sie sind Potenzial und Voraussetzung dafür, in Beziehung zu unseren Mitmenschen zu treten. Dennoch entscheidet das Stadium der Seelenreife, ob wir in der Lage sind, die Gefühle auf echte und ehrliche Form auszuleben, und lässt uns fühlen, ob die Liebe zum anderen aus wahrer Innigkeit und Wahlverwandtschaft besteht, oder ob wir die Liebe missbrauchen, um egoistische Bedürfnisse zu stillen.

Reife Verbindungen, in denen die Liebe wächst und sich mit den Jahren entwickelt, sind selten, aber sie existieren. Echte Liebe findet sich in jenen Bindungen, in denen Wunschvorstellungen und Bedürfnisse des Ego nicht mehr Antrieb für die Partnerschaft sind. Solche Bindungen entwickeln sich, wenn Partner die anfängliche körperliche Anziehung und Leidenschaft in Zuneigung, gegenseitiges Mitgefühl, Einklang und tiefen Respekt umwandeln. Spirituelle Beziehungen erkennt man daran, dass beide Menschen in Affinität und gemeinsamen Interessen verbunden sind. Jede tiefe und reife Bindung hat den Zweck, die echte Persönlichkeit jedes Einzelnen zu verstärken, und bietet die Möglichkeit, sich selbst durch den anderen zu erfahren. Die Liebe – egal welcher Art – sollte nicht als Kompensation unserer Unzulänglichkeiten dienen, sondern uns durch die Konfrontation mit der Unterschiedlichkeit des anderen wachsen lassen.

Karmische Verbindung oder schicksalhafte Beziehung?

Noch heute denke ich, dass Igor mich in gewisser Weise führte, ein schweigsamer Engel für mich war. Sind Sie nie einem jener Menschen begegnet, die scheinbar nicht zufällig, sondern aus einer so offenkundigen Notwendigkeit heraus auftauchen, dass Ihr Leben sich schlagartig ändert?
– Michèle Lesbre –

Darf man jede Beziehung, die wichtig für unsere Entwicklung ist, als karmisch bezeichnen? Beziehungen, die lehrreich und notwendig für unsere Entwicklung sind, haben eine intensive Wirkung und hinterlassen Spuren. Sie können uns verstricken oder bereichern und die Erfahrungen, die mit ihnen verbunden sind, bleiben für immer in unserer Seele. Wir können karmische oder schicksalhafte Begegnungen erleben – beide Arten der Erfahrung sind für unseren Lebenslauf prägend.

Wichtige Beziehungen, die Veränderungen und Krisen in unserem Leben gefördert haben, sind oft spirituellen Ursprungs und enthalten die Möglichkeit, uns mit neuen Horizonten, die Wachstum und Erkenntnisse bewirken, zu bereichern. Wenn wir nach einer Begegnung das Gefühl haben, nicht mehr dieselbe Person zu sein, hat sich bestimmt ein spiritueller Prozess ereignet.

Die karmische Beziehung ist eine Verbindung, die nicht unbedingt partnerschaftlicher Natur sein muss. Sie bestand schon einmal vor diesem Leben und ist mit Themen beschwert, die zwischen den beiden – das Karma kann auch eine Familie oder Gruppe betreffen – noch nicht gelöst sind. Solche Wiederholungen zwingen die Betroffenen, Situationen, die mit alten Mustern belastet sind, so lange zu wiederholen, bis eine Lösung herbeigeführt und eine Lernerfahrung oder Prüfung gemacht wurde. Eine karmische Verstrickung hat ihren Anfang in einem Ereignis genommen, bei dem eine Ungerechtigkeit geschah. Einer der Beteiligten – oder beide – hat absichtlich einem anderen geschadet, ihn zerstört, getötet, seiner Freiheit beraubt. Das damalige Individuum, das den Schmerz zugefügt hat, handelte aus Egoismus, für den eigenen Vorteil oder aus reiner Grausamkeit.

Verhindern wollen, dass ein Mitmensch sein seelisches Programm erfüllt, führt nach einem höheren spirituellen Gesetz zu karmischer Verstrickung, die schwer zu lösen ist. Mit einer karmischen Beziehung kann man mehrere Leben beschäftigt sein, bis die beiden Seelen die nicht erlösten Themen endlich bewältigt haben und die karmische Schuld abgetragen ist. Damit dies geschehen kann, muss die verletzte Seele zu echter Vergebung bereit sein und sich von Hass, Angst, Abscheu und Ablehnung befreit haben. Die andere Seele soll sich auf ehrliche Weise bemühen, einen Ausgleich zu finden, um der Vergebung würdig zu sein. Die beiden Seelen sollten, nach mehreren irdischen Beziehungen, in denen sie sich mit negativen Emotionen gegenseitig gequält haben, wieder zu Liebe und Achtung finden.

Oft sind karmische Bindungen in der Astrologie durch Lilith- und Pluto-Themen angezeigt. Typisch für eine karmische Beziehung ist das Gefühl nicht erklärbarer Schuldgefühle des einen, während die andere Person Ablehnung oder Todesangst fühlt.

Die Person, deren Seele das Ungleichgewicht verursacht hat, spürt bei einer neuen Begegnung in einem anderen Leben das Bedürfnis, etwas gutmachen zu müssen, ohne sich bewusst zu sein, warum. Die Person aber, deren Seele noch nicht in der Lage ist zu vergessen, lehnt diese Hilfe ab und flieht aus der Beziehung.

Die einzigen Hinweise, um eine karmische Beziehung zu erkennen und von einer anderen Art Bindung zu unterscheiden, sind die intensiven, zwanghaften und nicht mit dem Verstand erfassbaren Gefühle von Hass, Angst, Anziehung, Ablehnung, Schuld und Rache. Diese Emotionen belasten und erschweren das Zusammenleben und Zusammenwirken vieler Menschen, führen meist zum Scheitern der Beziehung und zu wiederholten Begegnungen im Laufe mehrerer Existenzen, bis die karmische Schuld endlich aufgelöst ist. Wenn eine Begegnung karmisch ist, empfinden die beteiligten Personen eine hochgradige (nicht sexuelle) Erregung. Sie empfinden ihre Begegnung als schicksalhaft. Einer von beiden kann Rachegefühle entwickeln. Beide haben das Gefühl, zusammenbleiben zu müssen, obwohl alles dagegen spricht. Hassliebe ist fast immer vorhanden, Faszination und Panik sind schon bei der ersten Begegnung spürbar. In den Horoskopen der Klienten, die vermutlich eine karmische Beziehung erleben, finden wir Aspekte von Pluto, Lilith, Saturn und Chiron in Bezug auf die persönlichen Planeten, den Aszendent oder den Herrscher des Deszendenten. Diese Art Partnerschaft bringt immer Intensität.

Das Gesetz des Karma ist unpersönlich und neutral, es bestraft nicht in einem moralischen Sinn und strebt nicht nach Vergeltung. Karma ist dem Gesetz der Anziehung unterworfen, deshalb treffen sich zwei Seelen, die in einigen vergangenen Leben ein Ungleichgewicht ausgelebt haben, um ihre Beziehung wieder auszugleichen. Da der Entwicklungsweg der Seele nicht linear verläuft, kann es sein, dass die neuen Begegnungen nicht sofort in den nächsten Inkarnationen stattfinden, sondern erst mehrere Leben danach. Wenn andere Themen und Erfahrungen für die betreffenden Seelen spirituell wichtiger sind als ihre karmische Verstrickung, werden diese Themen Priorität haben. Sobald die zwei Individuen in dem aktuellen Leben oder in zukünftigen Existenzen es schaffen, die karmische Verstrickung zu lösen und das Gleichgewicht wieder zu erlangen, werden sie frei voneinander. Sie können entscheiden, ob sie sich zusammen weiter auf einer anderen Basis fortbewegen wollen oder sie lösen sich für immer voneinander und widmen sich neuen Erfahrungen, die den anderen nicht mehr einbeziehen.

Es gibt auch eine Variante der karmischen Verbindung, bei der man all das Gute zurückgibt, das man durch den anderen erfahren hat.

Als ich vor vielen Jahren meine Freundin Sigi kennenlernte, hatte ich das Gefühl, mich einmal um sie kümmern zu müssen. Sie war fast zehn Jahre älter als ich, gesund und voller Leben, aber ich spürte, dass ich sie in den letzten Jahren ihres Lebens, vor ihrem

Tod, würde begleiten müssen. Als sie dann schwer erkrankte, war für mich klar, dass nun ich »an der Reihe war«, ihr zu helfen. Sehr deutlich ist diese Tatsache aus der Synastrie zwischen Sigi und mir zu erkennen: Saturn von meiner Freundin steht in gradgenauer Konjunktion zu meinem Aszendenten. Saturn steht für Schuld und Wiedergutmachung. Sigis Chiron steht 0° auf der Konjunktion Mond/Neptun in meinem Radixhoroskop. Meiner kranken Freundin habe ich wirklich mit Liebe und Mitgefühl helfen können, da unsere Beziehung sehr eng und voll Zuneigung war.

Wir sind nicht gezwungen, mit einem Menschen zusammenzubleiben, weil wir überzeugt sind, mit ihm eine karmische Verbindung zu leben, die jetzt nicht zu lösen ist. Wir sollen nicht Schmerz, Übergriffe und Unterdrückung hinnehmen und erdulden, weil dies unser »Schicksal« ist. Ich bin überzeugt, dass es Menschen gibt, die in karmischer Verstrickung leben, welche eine Aufgabe für sie darstellt, die aber dennoch den Mut aufbringen, sich aus diesem Elend zu befreien. Manche karmische Beziehung hat den Zweck zu überprüfen, ob zwei Menschen in der Lage sind, voneinander auch lassen zu können, damit ihr Leben wieder fließen kann. Das Schicksalsthema und die Menschen, denen wir begegnen, können karmisch bedingt sein, aber die Art und Weise, wie wir uns mit ihnen auseinandersetzen und wie wir uns verhalten, entspringt unserem freien Willen. Es ist nicht möglich, eine Verbindung mit Sicherheit als karmisch zu bezeichnen, deshalb sollen wir aus Liebe zu uns selbst versuchen, zerstörerischen Beziehungen keine Macht über uns zu geben.

Eine **schicksalhafte Verbindung** kann zwei verschiedene Ursprünge haben:

Für die *erste Variante* kann der Ursprung vor diesem Leben liegen. Diese Art Bindung ist aber nicht belastet wie die karmische Beziehung, sondern sie dient als Programm der Seele und fördert Wachstum auf seelischer Ebene. Zwischen den Inkarnationen leben die Geistwesen in großen Kolonien, die als Seelenfamilien bezeichnet werden können (vgl. Literatur: DIE SEELENFAMILIE von Varda-Hasselmann und Frank Schmolcke). Immer wieder finden wichtige Begegnungen auf Erden zwischen den Mitgliedern dieser Familien statt. Einige entscheiden vor einer Inkarnation, bestimmte Erfahrungen gemeinsam zu vertiefen. Andere Mitglieder bleiben in der geistigen Welt, bis ihre Zeit zu einer Reinkarnation wieder reif ist. Sie bleiben seelisch jedoch immer in Verbindung mit den Seelenfamilien-Mitgliedern, die auf der Erde ihre Erfahrung machen. Die Mitglieder einer Seelenfamilie sind energetisch durch Mitgefühl, Sympathie und Affinität verbunden und widmen sich in all ihren irdischen Erfahrungen einer gemeinsamen Forschungsaufgabe. Alle inkarnierten Seelen suchen die Antwort auf die Frage: Was bedeutet es Mensch zu sein?

Obwohl diese Geistwesen harmonisch verbunden sind, bedeutet dies nicht, dass ihre Beziehungen auf Erden einfach und reibungslos verlaufen. Sie können sehr kompliziert und schmerzhaft sein, werden aber immer eine lehrreiche Erfahrung bringen, denn die Seele kann durch Reibung und Konflikte schneller wachsen. Die zwischenmenschlichen Verhältnisse auf der Erde sind sehr kompliziert und konfliktreich, weil die Seelen aus verschiedenen Stadien der individuellen Entwicklung stammen und nicht jeder Mensch gleich schwingt wie wir.

Findet auf der Erde eine Begegnung statt, erkennen sich die Seelen der betroffenen Personen. Es ist wie bei einer Mutter, die 10 Kinder hat und zu einem von ihnen eine ganz besondere Beziehung und Bindung spürt. Obwohl die Mutter alle Kinder liebt, spürt sie zu diesem Kind etwas unerklärlich Inniges. Eine schicksalhafte Beziehung kann auch durch verschiedene Leben geführt werden, bis die zwei Seelen erfüllt haben, was sie in der geistigen Welt miteinander „abgesprochen" haben. Im Gegensatz zur karmischen Verstrickung, die als Zwang empfunden wird, wird die gemeinsame Aufgabe bei einer schicksalhaften Verbindung als Herausforderung gesehen.

Nicht selten sind Mitglieder der gleichen Seelengemeinschaft auf der Erde Freunde, Verwandte, Kollegen und Familienmitglieder. Dagegen entstehen Liebesbeziehungen meist zwischen Seelen verschiedener Seelenfamilien. Es muss so sein, da die leidenschaftliche, körperliche Liebe und Anziehung zwischen Liebenden auf Neugier für das Unbekannte und auf Spannung beruht.

Die Seelen der Menschen, die eine sehr entscheidende Rolle in unserem Leben gespielt haben, sind mit uns in einer Art seelischer Verwandtschaft verbunden, einige wegen eines ähnlichen Programms. Es ist aber nicht nötig, dass zwei Seelen, die eine schicksalhafte Verbindung auf der Erde eingehen, sich in vergangenen Inkarnationen verbunden waren. Es reicht, dass sie ausschließlich in der geistigen Welt, zwischen den Inkarnationen, in einer spirituellen Verbindung miteinander standen.

Unter den Seelen der gleichen Seelenfamilie und den verwandten Seelenfamilien besteht ein Austausch von Geben und Nehmen, der als Motor für die Entwicklung jeder Seele dient. Jede Seele »spielt« eine Rolle in ihrem Programm und dem Programm anderer Menschen. Wenn die irdischen Körper verlassen werden, verlieren diese »gespielten« Rollen ihren Zweck. Die Seelen der gleichen Seelenfamilie »arbeiten« weiter zusammen und bereiten neue Rollen für die nächste Inkarnation vor. Nicht alle Menschen, denen wir begegnen, sind mit uns spirituell verbunden, einige Begegnungen sind auch zeitlich begrenzt. Die Seelen, die nicht verwandt waren und ihre Aufgabe auf der Erde beendet haben, werden nach dem Tod des Körpers ihre Wege getrennt weiterverfolgen.

Die zweite Variante einer schicksalhaften Beziehung kann erstmals stattfinden, ist also nicht unbedingt *alt*. Diese Verbindung nimmt in diesem Leben ihren Anfang und kann für die Evolution der Seele sehr wichtig sein. Die Dynamik ist folgende: Zwei Personen begegnen sich und fühlen sich stark voneinander angezogen, weil sie unbewusst erkannt haben, dass der Charakter und die Persönlichkeit des anderen zur Sehnsucht ihrer Seele passt und in diesem Augenblick wichtig ist, um bestimmte Erfahrungen zu machen, die in den individuellen Seelenprogrammen gespeichert sind. Diese zwei Menschen sind für einander notwendig und ergänzen sich auf eine Art. Die schicksalhafte Begegnung kann programmiert oder nicht programmiert sein, auf jeden Fall existiert eine sehr starke Anziehung zwischen dem Träger eines seelischen Programms einerseits und einer entsprechenden Person, die zu diesem spirituellen Plan passt, andererseits. Es gibt auch Menschen, die auf unseren Lebensentwurf einwirken und Erfahrungen bringen, die für uns wichtig sind, aber sie müssen nicht unbedingt mit uns seelisch verwandt sein.

Eine schicksalhafte Verbindung berührt die Seele der beteiligten Personen, deswegen fühlen sich beide bei der ersten Begegnung schon im gegenseitigen Vertrauen und öffnen sich einander. Das Merkmal einer schicksalhaften Begegnung ist, dass sie sehr intensiv sein kann. Obwohl wir dieser Person »erst jetzt« begegnet sind, bleibt sie in uns und wir tragen ihr Bild lange in uns. Da die Empfindungen sehr intensiv sind, verlieren wir bei der ersten Begegnung das Gefühl der Zeit und spüren, dass diese Begegnung nicht zufällig ist. Wir fühlen, dass wir ohne Vorbehalte oder Hemmungen mit dieser Person über alles sprechen können. Die Anziehung ist nicht unbedingt physisch, aber Erotik kann hintergründig vorhanden sein. Wir spüren die Gefühle und Gedanken des anderen und haben das Gefühl, endlich nach Hause gekommen zu sein. Kurz nachdem wir uns kennengelernt haben, werden Inhalte des aktuellen Lebens infrage gestellt und wir sind in der Lage, wichtige Veränderungen vorzunehmen, vor denen wir Angst hatten. Oft wird das Leben auf den Kopf gestellt und nichts bleibt, wie es ist.

Obwohl alles sehr intensiv erlebt wird, heißt dies nicht, dass eine schicksalhafte Verbindung ein Leben lang bestehen wird. Sie kann auch von kurzer Dauer sein oder nur einen Augenblick währen. Diese Art der Beziehung dauert so lange, bis die beteiligten Personen den Teil des Programms gelebt haben, den sie vor der irdischen Geburt »abgesprochen« haben. Eine schicksalhafte Beziehung kann in diesem Leben also für immer sein oder zeitlich begrenzt. Sie unterscheidet sich jedoch von anderen Beziehungen, weil sie einen so starken Eindruck und tiefgreifende Erfahrungen hinterlässt, die unser Leben grundlegend verändern. Ein Mensch, der mit uns seelisch verbunden ist, berührt uns innerlich und hinterlässt Spuren, auch wenn wir uns nicht mehr begegnen.

Die schicksalhaften Beziehungen der ersten und zweiten

Variante führen oft in heikle Situationen, weil wir Menschen anziehen, die Unruhe in unser aktuelles Leben bringen. Wir können uns in jemand verlieben, obwohl wir schon in einer Beziehung leben. Wir können uns zu Menschen des gleichen Geschlechts, einer fremden Kultur, Hautfarbe oder einer anderen Kaste hingezogen fühlen. Nicht selten erleben wir bei solchen Begegnungen Verwirrung und Schuldgefühle, weil wir Konflikte oder tiefe Brüche innerhalb unserer Familie, unserer Partnerschaft oder in unserem Umfeld verursachen.

Lilith als Prinzip der Notwendigkeit ist oft als Transit beteiligt, wenn eine schicksalhafte Begegnung stattfindet. Begegnungen unter dem Transit von Lilith sind nie gewöhnlich oder selbstverständlich. Im Partnervergleich sind Aspekte zwischen Neptun oder Chiron zu den persönlichen Planeten oft ein Hinweis auf seelische Verwandtschaft. Neptun ist für die wehmütige Sehnsucht zuständig, die zwei Menschen verbindet, auch wenn die Beziehung schon beendet ist, und Chiron konfrontiert uns mit den schicksalhaften Gegensätzen in uns und in unseren Verbindungen. Der Schmerz, der daraus entsteht, hat oft eine heilende Wirkung, die in uns und anderen Menschen seelisches Wachstum erzeugen kann.

Zwei Menschen, die eine *schicksalhafte Beziehung der ersten Variante* erleben, fühlen sich angezogen, auch wenn ihre aktuelle Lebenssituation sehr verschieden ist und ihre Persönlichkeit gegensätzlich. Obwohl die Beziehung Anstrengung und Kampf bedeutet, wird sie als Herausforderung, als unausweichlich erlebt. Die in früherer Inkarnation erlebten Verletzungen und schwierige gemeinsame Lebenssituation sind bei der ersten Variante nie aus Egoismus, Grausamkeit oder dem Wunsch, dem andern bewusst zu schaden, entstanden. Haben zwei Seelen in vergangenen Inkarnationen Konflikte oder schwierige Erfahrungen geteilt, waren diese Erlebnisse notwendig für ihre individuelle Entwicklung und nicht selten im Voraus programmiert.

Die schicksalhafte Verbindung der zweiten Variante dagegen führt zwei Menschen zusammen, die im Leben ähnliche Erfahrungen gelebt haben, welche ihnen das Gefühl geben, miteinander in

Einklang zu sein. Ihre Leben verlaufen parallel und dies erweckt ein vertrautes Gefühl. Sie können z.B. eine ähnliche Erziehung gehabt oder in ähnlichen Familienstrukturen gelebt haben. Da die schicksalhafte Verbindung der zweiten Variante erst in diesem Leben beginnt, kann sie ein neues Karma zwischen zwei Personen erzeugen. Normalerweise stimmt der innere Entwurf – oder Teile davon – des einen mit den Bedürfnissen und dem seelischen Programm des anderen überein. Die Notwendigkeit ihrer Seelen lässt die gemeinsamen Erlebnisse geschehen.

Schicksalsbeziehungen im Partnervergleich

Dann sprach Almitra abermals und sagte: »Und was ist mit der Ehe, Meister?« Und er antwortete und sprach: »Ihr seid zusammen in die Welt gekommen, und ihr werdet auf immer zusammen sein. Ihr werdet zusammen sein, wenn weiße Schwingen des Todes eure Tage zunichtemachen. Ja, ihr werdet selbst zusammen sein im stummen Gedenken Gottes.

– Khalil Gibran –

In seinem Buch KARMISCHE LIEBE schreibt mein italienischer Kollege Paolo Crimaldi, dass die seelische Beziehung der ersten Variante und die karmischen Verbindungen erkannt werden können, wenn der absteigender Mondknoten des einen Partners in Konjunktion zu den persönlichen Planeten des anderen steht. Die Konjunktion zwischen dem aufsteigenden Mondknoten zu den persönlichen Planeten des Partners dagegen sind ein Hinweis auf eine schicksalhafte Begegnung des zweiten Typus. Ich würde auch die Konjunktion von beiden Mondknoten zu dem Herrscher des Deszendenten und zu der Achse AC/DC als schicksalhaft oder karmisch betrachten. Ich habe ausführlich über die Konjunktionen der Mondknoten in der Synastrie in meinem Buch DAS HOROSKOP ALS ENTWURF DER SEELE geschrieben.

Die Astrologin Judy Hall (Astrologie Heute, Juni 2006) meint, dass karmische Beziehungen an einer hohen Zahl von dynamischen Aspekten zu erkennen sind. Der Quincunx, das Quadrat, die Opposition und die dynamische Konjunktion zeigen Themen in der Partnerschaft, die auf seelischer Ebene noch nicht gelöst sind und aus anderen Inkarnationen stammen. Es ist auch verständlich, warum die dynamischen Aspekte eine Rolle bei seelischen Beziehungen spielen. Eine Seele inkarniert sich um, Herausforderungen anzunehmen. Konflikte und Auseinandersetzungen mit den Mitmenschen sind Teil dieses Lernprozesses und außerdem dienen Quadrate, Oppositionen, Quinkunx und manche Konjunktionen als Motor für wichtige Veränderungen, welche unbedingt bei festgefahrenen und verzwickten Partnerschaften nötig sind. Dynamische Aspekte erzeugen Spannung, aber sind deswegen sehr notwendig, ohne Konflikte ist kein Wachstum möglich.

Judy Hall betrachtet nur die Trigone als Konstellationen, die solche Themen anzeigen, die schon verarbeitet und aufgelöst sind. Dabei bezieht sie sich nur auf die karmische Verstrickung, und ich denke, dass ihre Theorie auch passend ist für die schicksalhaften Beziehungen der ersten Variante. In diesem Fall jedoch ist die Auswirkung der dynamischen Aspekte nicht auf den Ausgleich einer karmischen Schuld gerichtet, sondern die Natur der Planeten bei den dynamischen Konstellationen verweist auf Themen in verschiedenen alten Inkarnationen, die noch nicht optimal ausgelebt wurden und sich deswegen wieder in dieser Existenz als Chance für eine Verbesserung und Entwicklung stellen. Die beteiligten Personen sind unbewusst aufgefordert, neue Lösungen für die alten Probleme zu finden. Judy Hall hält das Sextil in der karmischen Astrologie für einen problematischen Aspekt, besonders in der Synastrie. Die 60°-Winkel entstehen aus der Distanz zwischen Planeten, die in Zeichen von unterschiedlicher Qualität platziert sind, und erzeugen deswegen eine leichte Spannung – sie erfordern mehr Mühe, da die Energie unstet wirkt. In der Partnerschaftsastrologie führen Sextile zwei Personen zu alten, ungelösten Verhaltensweisen zurück.

Meiner Meinung nach sind auch die Aspekte des karmischen Neumondes zu den Planeten und dessen Stellung in den Häusern des Partners sowie auch die Rolle, welche die rückläufigen Planeten in der Synastrie spielen, wichtige Hinweise für diese Art der Partnerschaften.

Judy Hall schreibt in ihrem Artikel in *Astrologie Heute*, dass die Verbindungen zwischen persönlichen und langsamen Planeten ein Indiz für eine karmische Beziehung sind, die sich in der Synastrie wiederholt. Auf diese Schlussfolgerung bin ich auch bei der

Betrachtung zahlreicher Horoskope gekommen. Zum Beispiel Venus der Person A bildet ein Trigon zu Uranus der Person B, wiederum Venus von B ist in Konjunktion mit Uranus von A. Die Doppelverbindungen zwischen den Planeten sind für das Verständnis der gemeinsamen Schicksal-Thematik sehr wichtig, weil sie Bereiche betonen, die in der Partnerschaft als Leitmotiv zu betrachten sind.

Im Fall von Venus/Uranus haben wir mit Erfahrungen zu tun, die die Problematik Nähe/Distanz betonen. Plötzliche und abrupte Trennungen aus Angst vor Verantwortung sind möglich. So kann zum Beispiel eine Person die andere in einem früheren Leben verlassen haben, als von ihrer Seite die Übernahme von Verantwortung verlangt wurde, u.a. wegen einer Schwangerschaft. Oder in einem anderen Leben kann das Gegenteil passiert sein: Ein Zwangsheirat wegen Schwangerschaft oder wegen politischen, wirtschaftlichen oder sozialen Gründen erfolgte. Wenn die Auswirkung von Venus/Uranus wiederholt in den vergangenen Inkarnationen gelebt wurde, kann in diesem aktuellen Leben eine innere Lösung gefunden werden. Die beteiligten Personen sind aufgefordert, eine reife Form der Beziehung zu gestalten, in der die Angst vor Nähe keinen Grund hat zu existieren, weil genug Freiraum und Achtung für die Individualität beider Partner herrscht.

In einer *schicksalhaften Begegnung* sind die Erfahrungen nicht aufgrund von alten karmischen Schulden bedingt. Die zwei Personen konfrontieren sich mit allen Facetten der Dialektik zwischen Venus und Uranus und erleben die einzelnen Planeten mit ihren Färbungen abwechselnd, bis in ihrer zukünftigen Beziehung ein Gleichgewicht zwischen den uranusbetonten und den venusbetonten Auswirkungen erreicht wird.

In einer *karmischen Verstrickung* dagegen sind die ungelösten Konflikte schwerwiegend und in den aktuellen und/oder zukünftige Inkarnation rechnet man mit mitgeschleppten Schuldgefühlen, Verletzungen und Angst. Die Vergebung für alten karmischen Schulden beruht auf einer Entscheidung der Seele, die stark verletzt wurde und Unrecht erlebte. Bei Venus/Uranus-Aspekten kann, falls die Seelen sich wieder versöhnt haben und aufeinander zugehen, die Möglichkeit bestehen, alte vergangene Verkrustungen in der Beziehung zu überwinden und eine reife und offene Beziehung zu erleben. Oder es ist möglich, sich endgültig, aber nicht traumatisch zu trennen. Jede Seele startet neue Erfahrungen und der Zwang, sich wiederholt zu begegnen, ist endlich vorbei.

Weitere bedeutende Aspekte in der karmischen und spirituellen Astrologie sind die Vergleichskonstellationen zwischen den persönlichen Planeten, der AC/DC-Achse und dem vorgeburtlichen Neumond, die Hausstellungen des vorgeburtlichen Neumondes in dem Partnerhoroskop und die Aspekte zwischen persönlichen Planeten, AC, DC und den rückläufigen Planeten des Partners.

Dieses Beispiel für eine karmische oder schicksalhafte Begegnung kommt aus dem Arbeitsleben einer Klientin. Marta arbeitet für eine Partnerschaftsvermittlung. Eines Tages sollte sie in einem Restaurant einen möglichen neuen Kunden treffen. Sobald sie in Gegenwart des Mannes war, reagierte sie mit starken Emotionen. Während sie und der Mann über einen Vertrag diskutierten, fingen sie beide übermäßig zu schwitzen an. Beide hatten das Gefühl, sich schon seit langer Zeit zu kennen. Ihr Treffen in dem Gasthaus zog sich über mehrere Stunden hin, denn während er das Formular der Partnervermittlung ausfüllte und auf die Fragen antwortete, merkten beide, dass sie sehr viel in ihren Wesen und ihren Ansichten gemeinsam zu haben schienen. Sie trafen sich einige Tage später erneut, um zusammen zu essen. Der Abend verlief sehr gut, beim Abschied wirkte er sehr in Eile und sein Verhalten glich einer Flucht. Seit diesem Abend hat er sich nicht mehr gemeldet. Meine Klientin rief mich an, weil sie verstehen wollte, was passiert war. Sie hatte gedacht, dass dieses Treffen sehr vielsprechend war, und sie verstand seine Reaktion nicht. Ich habe die Synastrie zwischen ihren Horoskopen analysiert und sofort gemerkt, dass in dem Horoskop des Mannes eine Konjunktion zwischen dem Südknoten und Saturn vorhanden ist, die mit einem exakten Orbis auf den Mars der Frau fällt. Dieser Vergleichsaspekt könnte ein guter Hinweis auf frühere Verstrickungen sein, die aus anderen Inkarnationen stammen. Es könnten Gewalt, Unterdrückung oder aggressive Handlungen im Spiel gewesen sein. Physische oder psychische Misshandlungen könnten von dem Mars-Eigner in einem anderen Leben ausgeübt worden sein. Der Mann könnte bei der aktuellen Begegnung Angst oder ein mulmiges Gefühl gespürt haben und sein Saturn könnte ihn unbewusst zu einem Abwehrmechanismus gedrängt haben. Die Venus/Jupiter-Konjunktion der Frau bildet ein Trigon zu der Konjunktion Sonne/Venus des Mannes. Dieser Aspekt in der Synastrie bedeutet, dass ein starker Wunsch nach Vertiefung der Begegnung und eine starke körperliche Anziehung vorhanden war. Gleichzeitig sind Venus und Jupiter der Frau in Sextil zu seinem Mond in Krebs. Dem Wunsch nach Vertiefung steht ein Impuls des Rückzugs (bei dem Mann) gegenüber, weil das Sextil alte emotionale Verhaltensweisen wiederholt. In dieser Synastrie finden wir auch Doppel-Aspekte der gleichen Planeten: Uranus meiner Klientin ist in Konjunktion zum Mond des Mannes, sein Uranus steht in Opposition zu ihrem Mond. Die sofortige, spontane Anziehung wird von einer unerwarteten Flucht abgelöst.

Noch etwas Interessantes habe ich bei dem Horoskop der ersten Begegnung und anhand des Stundenhoroskops nach der Frage der Klientin bei der Beratung festgestellt. Sie erkundigte sich nach dem Sinn dieser eigenartigen Begegnung. Der erste Kontakt zwischen der Frau und dem potenziellen Kunden war am 06.10.2015 um 15:05 in Frankfurt am Main. Das Stundenhoroskop habe ich am 20.10.2015 in Lörrach um 14:05 erstellt. Beide Horoskope haben ein AC in Steinbock (auf dem gleichen Grad) in Konjunktion zu Pluto und mit einem Stellium im 8. Haus. Die Thematik dieser Begegnung ist offensichtlich, in beiden Horoskopen wird die schicksalhafte Notwendigkeit des Treffens symbolisiert. Auch die heftigen Emotionen, die aus den unbewussten Erinnerungen kommen, und die Angst sind durch die Pluto-8.-Haus-Betonung ausgedrückt. Warum diese zwei Seelen sich wieder getroffen haben, kann man nicht sagen. Ich denke jedoch, dass die Beziehung zwischen diesen zwei Menschen nicht zustande kam, weil die Seele des Mannes vielleicht noch nicht bereit für eine neu vertiefte Erfahrung war.

Auch das Composit ist geeignet, um eine schicksalhafte Verbindung zu erkennen. 1978, als ich nach Deutschland kam um Deutsch zu lernen, traf ich einen Mann, der mein Leben sehr beeinflusst hat. Unser Begegnungshoroskop habe ich schon in dem Buch DAS BEGEGNUNGSHOROSKOP beschrieben. Das Composit wiederholt die wichtigste Thematik unserer Begegnung. Dieser Mann hat mir Astrologie beigebracht. Wir haben zehn Jahre lang zusammen gelernt und sind beide Berufsastrologen geworden. Unser Composit zeigt zweifellos die schicksalhafte Natur unserer Freundschaft: Pluto am AC steht in Konjunktion mit dem Mond. Venus in Konjunktion zu dem MC ist auch in Konjunktion zur Sonne. Diese Konstellation symbolisiert die feste Freundschaft zwischen uns und die gemeinsame Hingabe an unsere Berufung. Der Sinn der Begegnung wird von Uranus im 11. Haus, der in Sextil zu MC steht, angezeigt: die Astrologie.

Der Composit-IC steht in Skorpion. Unsere Seelen könnten sich in anderen Inkarnationen gemeinsam für okkulte und esoterische Themen interessiert haben und dies in jetzigen Leben fortgeführt haben. Das 4. Haus symbolisiert in der karmischen und spirituellen Astrologie, woher unsere Seele kommt. Im Composit von mir und meinem ersten Lehrer befinden sich im 4. Haus Lilith und der nördliche Mondknoten in Konjunktion. Zusammen haben wir in den 70er-Jahren viel über Lilith geforscht. Ich werde in den nächsten Kapiteln einige Composite analysieren, um ihren Einfluss in der spirituellen und karmischen Astrologie vorzuweisen.

Aus dem Leben

Eine karmische Beziehung

Bei der Beziehung zwischen Liz Taylor und Richard Burton könnte es sich um eine karmische Verbindung handeln. Ihre Liebesgeschichte ist weltbekannt, es herrschte starke Hassliebe zwischen ihnen, die auf eine alte Verstrickung hindeuten könnte. Die Synastrie bestätigt diesen Verdacht, weil mehrere Aspekte dafür sprechen (siehe Abbildung 1).

So zahlreiche Vergleichsaspekte beschreiben eine sehr intensive, aber gleichzeitig mühsame und stürmische Partnerschaft, die wahrscheinlich mit alten Belastungen und Verstrickungen beladen war.

Richard Burton war der fünfte *und* sechste Ehemann der wunderschönen Schauspielerin. Zusammen lebten sie in der ersten Ehe zehn Jahre. Diese Ehe war voll von gewaltigen Auseinandersetzungen, die wegen einer ausgeprägten Hassliebe, Alkoholexzessen und Drogen aufflammten und keine Harmonie ermöglichten. Nach der Scheidung versuchten die beiden Schauspieler wieder einmal zusammen zu leben und sie heirateten erneut im Jahr 1976, aber der zweite Anlauf überdauerte nur ein Jahr. Trotz dieser zwei komplizierten Ehen und schmerzhaften Trennungen erzählte Liz Taylor wiederholt, dass Burton ihre größte Liebe gewesen sei. Sie trug seinen Ring als Liebeserinnerung auch nach der Scheidung. Die Aspekte von Lilith und Chiron in dem Partnervergleich betonen die verletzende Natur ihrer Verbindung. Diese Winkel zeigen Verhaltensweisen, die zu gegenseitigen Angriffen führen. Die Lilith-Aspekte deuten auf eine unwiderstehliche körperliche Anziehung und gleichzeitig auf eine Ablehnung der wahren Natur des anderen, was schmerzhafte und explosive Gefühle verursacht.

Im Horoskop der Diva befindet sich eine Venus/Uranus-Konjunktion, beide Planeten stehen zugleich in Quadrat zu Pluto. Diese Konjunktion bildet in der Synastrie ein Quadrat zu Burtons Pluto.

Elisabeth Taylor	Mondknoten	Richard Burton
Saturn	Konjunktion	Abst. Mondknoten
Abst. Mondknoten	Konjunktion	DC
Abst. Mondknoten	Konjunktion	Uranus
Elisabeth Taylor	Lilith	Richard Burton
Sonne/Merkur	Sextil	Lilith
Lilith	Opposition	Mars
Lilith	Konjunktion	Chiron
Elisabeth Taylor	rückläufiger Planet	Richard Burton
Jupiter rückläufig	Quadrat	Sonne/Saturn
Elisabeth Taylor	Doppelaspekt	Richard Burton
Sonne	Opposition	Mond
Mond	Konjunktion	Sonne
Elisabeth Taylor	Spannungsaspekte	Richard Burton
Mond	Konjunktion	Saturn
Venus/Uranus	Quadrat	Pluto
Saturn	Quadrat	Mars
Neptun	Quadrat	Saturn
Chiron	Opposition	Sonne
Pluto	Quadrat	Chiron
MC	Quadrat	Pluto
Elisabeth Taylor	Harmon. Aspekte	Richard Burton
Mond	Trigon	Pluto
Neptun	Konjunktion	Neptun
Pluto	Trigon	Sonne

Abbildung 1: Aspektvergleich Elisabeth Taylor und Richard Burton

Die Konstellationen im Radixhoroskop und im Partnervergleich zwischen Venus, Uranus und Pluto gewinnen im Beziehungsleben der zwei Schauspieler an Wichtigkeit, weil sie die *stärkste Thematik* zwischen ihnen anzeigen: einen ernsten Konflikt zwischen Nähe und Distanz, Anziehung und Fluchttendenzen, Zärtlichkeit und Gewalt. Das Thema in der Beziehung zwischen ihnen ist die seelische Arbeit, die beide leisten sollten, um sich von der Verworrenheit ihres

Abbildung 2: Elisabeth Taylor, 27.2.1932, 2:30 GMT, London, UK

Abbildung 3: Richard Burton, 10.11.1925, 15:00 GMT, Pontrhydyfen, UK

Zusammenseins und der gegenseitigen Hörigkeit zu befreien und die Fähigkeit zu entwickeln, unabhängig leben zu können, wenn sie nicht in der Lage gewesen sind, zusammen in einer aufbauenden und respektvollen Art zu leben.

Trotz der Liebe (Venus) gelang es Liz Taylor und Richard Burton nicht, den Alltag auf eine harmonische Weise zu bewältigen (Uranus, Pluto). Die gewaltige Energie, mit der Pluto und Uranus auf den Planeten der Partnerschaft, Venus, einwirken, lässt zwischen zwei Menschen eine plötzliche und leidenschaftliche Anziehung entfachen, aber die Emotionen zwischen ihnen werden unkontrollierbar und können in Privatem zu explosiven Auseinandersetzungen führen. Man erzählt, dass Taylor und Burton jedes Mal, wenn sie in einem Hotel übernachteten, sie ein ganzes Stockwerk mieteten, um die anderen Gäste vor ihren gewalttätigen Streitereien zu schützen. Solche Konflikte entstanden meistens aufgrund von Kleinigkeiten und wegen des enormen Konsums von Alkohol. Das Zusammenleben der beiden Stars war eine Mischung aus Freude, Lust, Leiden, Leidenschaft, Liebe und Zerstörung. Beide hatten die Sonne in Wasserzeichen und der AC stand im Feuer. Eine astrologische Mischung, die Unausgeglichenheit verursacht und zu Höhen und Tiefen in dem Zusammenleben mit anderen führt. Menschen, die eine Wasser/Feuer-Betonung aufweisen, erleben die Emotionen nie auf eine angemessene Art, sie handeln extrem und oft heftig.

Noch ein Aspekt, der in ihrer Synastrie als problematisch gilt, weil er Feindseligkeit hervorruft, ist der Mars von Burton im Quadrat zu Saturn von Liz Taylor. Die Unfähigkeit der Partner, sich gegenseitig auf eine reife Weise zu verstehen und klar zu kommunizieren wird durch das Quadrat von Liz Taylors Neptuns zum Merkur des Ehemannes angezeigt. Der Neptun von Liz steht in Konjunktion zum Mond von Richard: Lügen, Verrat und Heimlichkeiten sind nicht selten in Beziehungen, wenn Neptun eine Rolle spielt.

Beide Schauspieler waren stark von Neptun beeinflusst. Bei Burton ist das Zeichen Fische im 12. Haus. Neptun im 6. Haus, dessen Herrscher bildet ein Sextil zu Mars und ein Trigon zu Chiron im 1. Haus. Es ist bekannt, dass Richard Burton alkoholabhängig war und wegen dieser Abhängigkeit hatte der Schauspieler ernste gesundheitliche Probleme. Liz Taylor war Fische-Geborene mit der Sonne und Merkur in Opposition zu Neptun. Die wunderschöne Schauspielerin war die Sehnsucht einer Generation von Männern, die in ihr die Verkörperung der Traumfrau sahen. Es ist interessant festzustellen, dass ihre beide Horoskope im Vergleich kein Bild der Übereinstimmung wiedergaben. Die weiblichen Planeten von Burton befinden sich in Erdzeichen und lassen vermuten, dass für Richard die ideale Frau bodenständig, sehr kontrolliert und zuverlässig sein sollte. Die Taylor mit Mars und Sonne in den Fischen wünschte sich dagegen einen sensiblen und feinfühligen Liebhaber. Burton war eher brutal und ungehobelt. Ich habe oft festgestellt, dass karmische oder schicksalhafte Beziehung wenig Übereinstimmung in astrologischer Hinsicht zeigen. Es handelt bei solchen Beziehungen um eine Anziehung, die unerklärbar ist, weil sie zwei sehr unterschiedliche Menschen zusammenführt, die überhaupt nicht zusammenpassen.

Die magische Anziehungskraft, die Liz und Richard bei der ersten Begegnung empfanden, ist typisch für den Einfluss der Skorpion-Betonung: Der Mond der Taylor und die Sonne von Burton sind in diesem Zeichen platziert. Wer die persönlichen Planeten im Skorpion hat, spürt die Liebe intensiver, wenn diese schmerzhaft und kompliziert ist.

Richard Burton ist bekannt für seinen rüden und unbeherrschten Charakter. Der Aszendent in Widder betont die ungeduldige Art und kann zu unbeherrschtem Verhalten führen. Mars in der Waage wäre nicht sehr aggressiv veranlagt, aber im Fall von Burton empfängt Mars eine Opposition von Chiron. Die Verbindung zwischen Mars und Chiron kann zu sehr gewaltsamen Abwehrmechanismen bewegen. Besonders, wenn der Horoskopeigner sich verletzt, zurückgewiesen oder ohnmächtig fühlt. Betrachten wir das Horoskop von Liz Taylor, dann sehen wir, dass Mars nicht weit weg von Sonne und Merkur steht. Wahrscheinlich pflegte die Schauspielerin in der Privatsphäre eine Art sich auszudrücken, die aggressiv, verletzend und unfair war. Es ist möglich, dass ihre verbalen Angriffe bei ihrem Mann sehr aggressive Reaktionen verursachten.

Für diese zwei begabten Menschen war es unmöglich, zusammenzubleiben, ihre Liebe jedoch ist jedoch Millionen Menschen im Gedächtnis geblieben und die Filme, die sie zusammendrehten, sind Zeugen der intensiven Emotionen zwischen ihnen. Auf der Leinwand ist ihre Liebe unsterblich geblieben. Sie spielten oft Rollen, die ihren Persönlichkeiten und ihrer Partnerschaft ähnlich waren.

Eine schicksalhafte Beziehung

Das Schicksal mischt die Karten und wir spielen.
– Arthur Schopenhauer –

Wenden wir uns nun einem Fall aus meiner Praxis zu, der ein Hauptthema in der Partnerschaft sehr gut aufzeigt. Natürlich kann ich nicht mit Sicherheit sagen, ob diese Verbindung von karmischverstrickter oder schicksalhafter Natur ist. Ich vermute, dass es sich um eine schicksalhafte Beziehung handelt, weil das Thema, das die beiden Personen in ihrem Zusammenleben erleben, gut sichtbar ist. Als Astrologin interessiert mich im Wesentlichen die Kernthematik, die die Partnerschaft von Bianca und Tommaso besonders macht. Karmische Verstrickungen sind ihrem Wesen nach sehr kompliziert und oft vielfältig. Das Horoskop verrät meistens nicht die Thematik, es betont eher zwingend durch die vielen Spannungsaspekte die gewaltige Arbeit, die zwei Menschen zusammen erledigen müssen.

Tommaso kam zu mir, um zu erfahren, ob seine Ehe noch zu retten sei. Er lebte von seiner Frau Bianca getrennt, liebte sie aber noch. Mein Klient war Manager, verdiente viel Geld und konnte seiner Familie einen sehr hohen Lebensstandard bieten. Sie hatten eine schöne Villa und ein tolles Auto. Mit der Wirtschaftskrise liefen die Geschäfte schlechter, und später – als Folge des Verlustes seiner Arbeit – musste er Haus und Auto verkaufen. Seine Ehefrau

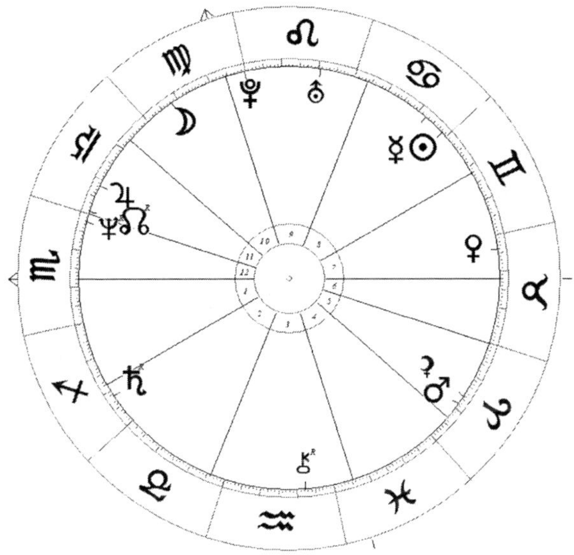

Abbildung 2: Bianca

Bianca konnte die Veränderungen nicht verkraften, entfernte sich von ihrem Mann und trennte sich von ihm. Tommaso war verzweifelt und versuchte nun sie wiederzugewinnen. Bianca reagierte jedoch nicht mehr auf seine Anrufe.

Bianca legt viel Wert auf materielle Sicherheit, ihr Horoskop zeigt dieses Bedürfnis eindeutig. Materielle Sicherheit und seelisches Wohlbefinden hängen bei ihr zusammen. Materielle Verluste führen bei Bianca zu depressiven Verstimmungen und gefährden ihre innere Stabilität. Der Verlust ihres Status hat starke Minderwertigkeitskomplexe und eine Verletzung des Selbstwertgefühls verursacht. Dies ist das Leitmotiv, das in ihrem Geburtsbild stark ausgeprägt ist: Der Mond in Jungfrau im 10. Haus im Quadrat zu Saturn im 2. Haus, die Venus in Stier im 7. Haus im Quadrat zu Pluto und im Trigon zu Mond sowie Sonne in Krebs im 8. Haus verdeutlichen diese Thematik. Mond in Jungfrau Quadrat Saturn im 2. Haus verleiht ihr einen sehr berechnenden Charakter, mit Venus in Stier in Haus 7 verstärkt sich die Notwendigkeit, Beziehungen unter materiellen Gesichtspunkten einzugehen. Bianca bekommt tiefe Angst, wenn ihr Situationen aus der Hand gleiten, und sie kann sehr unduldsam werden gegenüber Menschen, die versagen. In ihren Augen hat ihr Mann völlig versagt. Der Intellekt überwiegt, Bianca entscheidet mit dem Kopf und lässt ihre Gefühle außer Acht. Saturn im Aspekt zu Jungfrau-Mond verstärkt die Tendenz zu zwanghaften und ängstlichen Verhaltensweisen.

Mit Venus in Stier im 7. Haus möchte Bianca etwas Solides in der Partnerschaft aufbauen, Veränderungen, wie sie sie mit Tommaso erlebt hat, verunsichern sie. Sie kompensiert Frust und Minderwertigkeitsgefühle mit Status (Mond in 10). Die Menschen mit Venus im Quadrat zu Pluto erleben Verluste als sehr dramatisch und bedrohlich. Die Liebe verwandelt sich in Hass, wenn ihre Bedürfnisse nach gefühlsmäßiger und materieller Sicherheit vom Partner nicht mehr erfüllt werden können.

Der Ehemann erzählte bei der Beratung, dass Bianca aus einer gut situierten Familie stamme. Von der Mutter hat Bianca stets gehört, dass Wohlstand der höchste Wert im Leben sei, und auf Wohlstand zu verzichten, ist für Bianca und ihre Familie gleichbedeutend mit Gesichtsverlust. Biancas Mond in Haus 10 und dessen Aspekte symbolisieren die Werte, die von der Mutter vermittelt werden. Mit der Sonne im 8. Haus braucht Bianca einen Mann, der materielle Sicherheit ermöglicht (das 8. Haus stellt die finanzielle Lage des Partners dar), um ihr schwaches Selbstwertgefühl zu kompensieren.

Tommaso hat, wie seine Ehefrau auch, Saturn im 2. Haus, und im gleichen Feld ist auch Jupiter platziert. Während bei Bianca der Mond in der Jungfrau steht, hat Tommaso die Sonne in diesen Zeichen. Neben der Sonne finden wir in seinem Horoskop auch Pluto und den nördlichen Mondknoten im 10. Haus.

Mit Jupiter in Haus 2 ist klar, dass für diesen Mann Erfolg die materielle Ebene darstellt. Jupiter steht jedoch in Opposition zu Mars im 8. Haus. Wahrscheinlich hat Tommaso sich im Beruf überschätzt und zu viel riskiert, da Jupiter auch im Quadrat zur Sonne

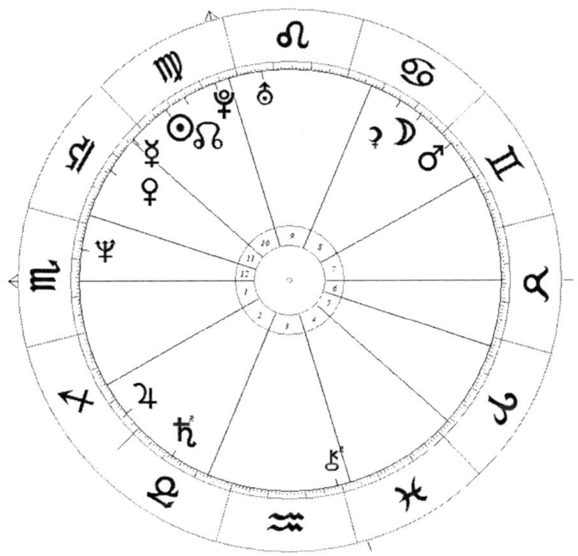

Abbildung 3: Tommaso

steht und dieser Aspekt führt zu Übertreibungen und Fehleinschätzungen. Mit Saturn im 2. Haus kann der Reichtum – der von Jupiter im gleichen Haus symbolisiert wird – verloren gehen. Arbeitsstatus- und Familienverlust haben sein Selbstwertgefühl in Mitleidenschaft gezogen. In seinem Horoskop symbolisiert der DC in Stier das Bild der Partnerin und passt damit zu den Ansprüchen von Bianca.

Im **Combin** fällt Saturn in das 2. Haus. Diese Platzierung bedeutet: Ist die materielle Sicherheit bedroht, ist auch die Partnerschaft in Gefahr. Das Geld beherrscht das gemeinsame Leben. Und die Verluste in diesem Bereich gleichen einer Abwertung der Ehe. Als Anzeiger für die Möglichkeit, dass diese Beziehung karmisch oder schicksalhaft bedingt ist – ich denke eher schicksalhaft, weil das Thema sehr deutlich zu erkennen ist –, steht Saturn im Quadrat zu den Mondknoten. Biancas und Tommasos gemeinsame Aufgabe besteht nun darin, sich von diesen starken materiellen Zwängen zu

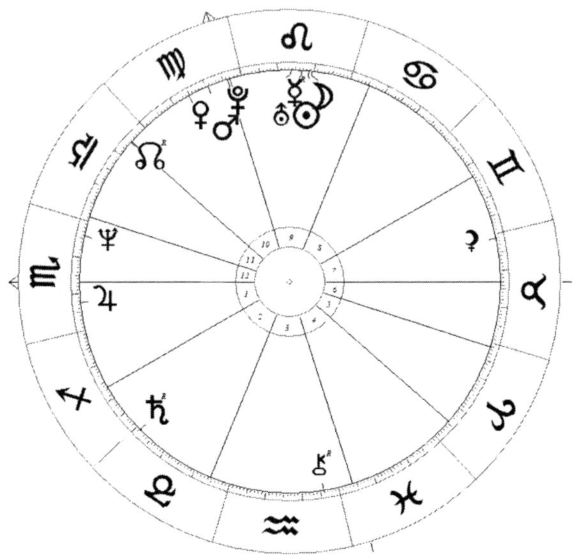

Abbildung 4: Composit Bianca und Tommaso

befreien und gemeinsam an ihren Ängsten und Komplexen zu arbeiten. Die Entdeckung neuer Werte und eigener Talente wäre die Lösung, um sich aus der Abhängigkeit von totaler materieller Sicherheit zu befreien. Die vier Planeten im 9. Combin-Haus (Sonne, Mond, Merkur und Uranus) befähigen die beiden, sich um Erweiterung ihrer Lebensanschauung zu bemühen und neben der materialistischen Einstellung auch ihre geistige und seelische Natur zu pflegen.

Tommaso und Bianca haben beide ihren Aszendenten in Skorpion, der ihnen die Macht schenkt, die eigenen Vorstellungen, überholte Bedürfnisse und Abhängigkeiten in konstruktive Energie zu verwandeln, um tiefe Veränderungen zu ermöglichen.

Die ewigen Beziehungen

Die Liebe ist die Urquelle des Kosmos
– Hans-Peter Dürr –

Wer mein Buch DAS HOROSKOP ALS ENTWURF DER SEELE gelesen hat, weiß, dass meine Arbeit mit der spirituellen und karmischen Astrologie zum Teil von den Büchern von Varda Hasselmann und Frank Schmolke inspiriert wurde. In ihrem Buch Die Seelenfamilie werden vier Arten von ewigen Beziehungen beschrieben.

Die Erfahrung auf der Erde schließt auch das schmerzhafte Gefühl von Getrenntsein ein, das in der jenseitigen Welt zwischen den Inkarnationen nicht existiert. In der geistigen Dimension ist keine Seele allein. Dort leben die Seelen, die auf ihre nächste Inkarnation warten, in großen Kolonien, die aus dem Gefühl der Affinität unter den Seelengeschwistern bestehen. In diesem Buch, das anhand der Aussagen der »Quelle« verfasst wurde, wird erklärt, dass sowohl auf der Erde als auch in der spirituellen Welt jede Seele über vier ewige Verbindungen verfügt, die die Mitglieder von verwandten Seelenfamilie miteinander bindet. In manchen Fällen treffen sich diese Paare nicht nur in der geistigen Welt, sondern sie können sich auch auf der Erde treffen. Da jedoch diese Partner meistens in der spirituellen Dimension kooperieren, ist die Erfahrung auf der Erde nicht zwingend und oft selten, aber auch nicht unmöglich. Deswegen mögen die astrologischen Hinweise nur als Anregung verstanden werden.

Die vier ewigen Beziehungen sind ewige Zwillinge, ewige Freunde, ewige Verbündete und ewige Lehrer (oder ewige Schüler). Zwischen den Mitgliedern dieser Partnerschaften besteht immer eine Verbindung, auch wenn ein Teil im körperlosen Zustand lebt und der andere inkarniert ist. Wir auf der Erde merken diesen Kontakt nicht bewusst, er ist jedoch auf seelische Ebene immer vorhanden.

Die *Zwillingsseelen* gründen ihre Beziehung auf einem starken telepathischen Austausch und pflegen rege mentale Kontakte, auch wenn sie auf der Erde gleichzeitig inkarniert sind. Telepathie, Visionen und Träume sind die Mittel, die ihren Kontakt ermöglichen. Auf der Erde wird ihre Beziehung lebendig durch Diskussionen und aufbauenden Streit. Es ist wichtig, dass ihre Verbindung reich an Streit, dem Austragen von Konflikten und an Auseinandersetzungen ist, sie soll sogar wenig harmonisch sein. Dies ist notwendig, weil die seelische Entwicklung dieses Paares durch Kontraste gefördert wird.

In der Astrologie können wir diese Art von Verbindung in Horoskopen erkenne, die wenige gemeinsame Affinitäten aufweisen. Synastrie, Combin oder Composit, die solche Beziehungen symbolisieren, sind reich an dynamischen planetarischen Aspekten und die Geburtshoroskope weisen oft auf wenige Ähnlichkeiten hin. Die Beteiligten fühlen sich jedoch genau wegen ihrer Unterschiede angezogen. Ich will hier nicht behaupten, dass wir jedes Mal, wenn wir zwei solch unterschiedliche Horoskope analysieren, Themen von Zwillingsseelen vor uns haben. Wenn unsere Seele den Konflikt für ihre Entwicklung braucht, wird sie sich von Menschen angezogen fühlen, die uns den Anlass dafür anbieten. Es muss nicht unbedingt sein, dass es sich um Zwillingsseelen handelt. Aber in manchen Fällen wird dies bestimmt zutreffen, weil diese Art von Beziehung eine Herausforderung für die Seele darstellt und die Zwillingsseele, die Absicht hat, den anderen in seiner Entwicklung gezielt zu fördern.

Die ewigen Freunde leben dagegen eine Beziehung, die fast konfliktfrei ist. Ihre Aufgabe ist das gemeinsame Wachstum durch die gegenseitige Zuneigung. Auch wenn Umstände von der Umwelt ihre Freundschaft zu verhindern versuchen, bleibt ihr Zusammengehörigkeit bestehend. In dieser Verbindung geht es um Gefühle der Verbundenheit, des Vertrauens; auf diese Weise entwickeln sie gemeinsam die Liebesfähigkeit. Eine Art von Gefühlen, die einen Hauch von bedingungsloser Liebe enthalten, die Liebe, die alle Seelen als spirituelles Ziel erreichen sollen. Typisch für diese ewige Beziehung ist, dass die Beteiligten nie durch familiäre oder biologische Verhältnisse verbunden sind. Diese Menschen sollen lernen, die

Liebe außerhalb der Blutsverbindungen zu entwickeln. Um seelisch zu wachsen, sollen sie sich bemühen, den Andersartigen zu lieben. Bei dieser Art Partnerschaft bekommt die persönliche Freiheit eine wesentliche Rolle.

In der Astrologie können wir diese Beziehung vermuten, wenn Partnerhoroskope (Synastrie, Composit, Combin) mehrere Aspekte zwischen Sonne und Venus oder Jupiter und den persönlichen Planeten aufweisen. Im Partnerschaftsbild und im Horoskopvergleich soll das 11. Haus, das Feld der Gleichgesinnten und der Seelenverwandtschaft, besetzt und gut gestellt sein.

Die ewigen Verbündeten. Bei diesem Paar wird aktiv und dynamisch kooperiert, zusammen sind die zwei Personen motiviert und stark. Ihre Aufgabe ist etwas gemeinsam zu leisten, zu erarbeiten oder etwas gemeinsam zu bewegen. Ihre Seelen entstammen aus zwei verschiedenen Seelenfamilien. Sowohl in dem nicht inkarnierten Zustand als auch als Individuen auf der Erde spenden sich diese Seelen gegenseitig die Kraft, wenn jeder von ihnen eine belastende Aufgabe lösen soll. Oft arbeiten sie separat und in unterschiedlichen Sektoren für die gleiche Idee und für das Wohl der Gemeinschaft. Einer der Partner trägt in sich die Energie des Yin, der andere dagegen trägt die Yang-Anteile in sich.

In einer Dreierbeziehung leben sie die gemeinsame Thematik, aber unter verschiedenen Gesichtspunkten. Zum Beispiel wenn das gemeinsame Thema der Betrug ist, einer von ihnen könnte der betrogene Partner sein und der andere die Rolle des Liebhabers übernehmen. Wichtig ist die gemeinsame Thematik, die jeder für sich mit seinen Erfahrungen und unter seinem Gesichtspunkt verinnerlichen soll. Es muss sich nicht unbedingt um eine intime Partnerschaft handeln, oft sind ewige Verbündeten auch Arbeitskollegen oder sogar Antagonisten.

In der Astrologie, falls es sich um eine Partnerschaft zwischen ewigen Verbündeten handelt, wird ein Partner eine starke Besetzung der weiblichen Planeten und Elemente und die andere Person dagegen starke eine Mars/Sonne-Betonung und Feuer/Luft-Werte aufweisen.

Auch starke Aspekte in der Synastrie und in den anderen Partnerschaftsverfahren zu dem MC, eine starke Betonung des 10. und des 11. Hauses sollen nicht fehlen.

Bei dem ewigen Lehrer und dem ewigen Schüler werden tiefen Erkenntnissen ausgetauscht, die die Existenz des einen oder von beiden verändern und verwandeln. Im Lauf des Inkarnationszyklus wechseln diese Seelen immer wieder die Rollen. Diese Personen helfen sich durch gute Einsichten, Kritik oder Belehrung. Sie bringen sich gegenseitig etwas über das Leben bei. Es ist mir bei meinen Astrologie-Seminaren oft aufgefallen, wie viel ich auch durch meine Schüler an Ideen und Anregungen gewinnen kann. Jeder Lehrer wird dies bestätigen. Bei der seelischen Variante von Lehrer und Schüler ist gerade diese gegenseitige Anregung das zentrale Thema der Beziehung. Es ist nicht nötig, dass diese zwei Menschen sich persönlich kennen. Einer von beiden kann zum Beispiel auch der Autor eines Buches sein oder jemand, der im TV etwas sagt, das unsere Aufmerksamkeit weckt und unsere Erfahrung über das Thema bereichert.

In der Astrologie und in den Partnerhoroskopen, die diese Art von seelischer Verbindung symbolisieren, sollen Aspekte von Jupiter und Saturn zu den persönlichen Planeten oder zu dem AC und dem MC vorhanden sein. Combin, Composit sollen eine Betonung des 9. Hauses aufweisen. Beim Partnervergleichen sollen persönliche Planeten ins 9. Haus des Partners fallen. Da es um existenzielle und tiefe Einsichten das Leben von diesen Partnern geht, wird das 9. Haus und nicht das 3. Haus von Bedeutung sein.

Die Astrologie lässt uns nur vermuten, ob eine Beziehung karmischer oder spiritueller Natur ist. Was für unsere Arbeit sinnvoll ist, ist das *Verständnis der Thematik* und das Erkennen der gemeinsamen Aufgabe in einer Verbindung. Jede Beziehung ist besonders und durch die gemeinsamen Themen und Aufgaben einzigartig. Ich denke, dass bei einem Horoskop, das vermutlich eine spirituelle Partnerschaft symbolisiert, die gemeinsame Thematik deutlicher zu erkennen ist, weil diese Art von Beziehung nicht so extrem von Verstrickungen emotionaler Natur belastet ist wie die karmische.

Der Zweck der Begegnung zwischen Menschen ist die gegenseitige Hilfe, die die Seelen leisten, um die eigene und die Evolution der anderen zu unterstützen. Die gemeinsame Aufgabe kann glückbringend und aufbauend sein oder mit Konflikten und schwierigen Herausforderungen beladen sein. Die Themen in einer zwischenmenschlichen Beziehung sind verschiedener Natur und so unterschiedlich und persönlich sind auch die Lektionen, die daraus gelernt werden müssen. Ohne das tiefe Verständnis darüber nutzt dem Astrologen das Wissen, ob die Partnerschaft, die wir analysieren, karmisch oder spirituell ist, nichts. Die Intuition des Astrologen und der Verlauf einer astrologischen Beratung lassen aus der Vielfalt der Möglichkeiten, die das Horoskop enthält, den Zusammenhang erkennen und die richtigen Themen einer Beziehung erfassen. Jede wichtige Beziehung im Leben kommt mit Themen in Berührung, die das Wachstum ermöglichen. Zum Beispiel sich lieben, auch wenn die Umstände es nicht erlauben, oder sich mit Gefühlen auseinandersetzen zu müssen, die höchst unangenehm sind, wie Neid, Eifersucht, Missgunst, und für das Wohl der Partnerschaft – aber auch für unsere Entwicklung – diese zu überwinden oder zu verarbeiten und transformieren. Manche Eltern kämpfen gemeinsam gegen eine schicksalhafte Krankheit eines ihrer Kinder, andere müssen ihren Alltag mit einem behinderten Kind bewältigen. Eltern, die als Kinder Traumata erlebt haben, sind nicht fähig, den eigenen Kinder Schutz und Liebe zu schenken, und sie entscheiden sich, diese Kinder zur Adoption freizugeben. Sowohl für die Eltern als auch für die Kinder wird diese Trennung als Lebensthema erlebt.

Interaktionen zwischen den Menschen sind die passenden Schauplätze für die Entwicklung der Seele, menschliche Erfahrungen werden durch die Beziehung mit anderen gemacht. Verbindungen zwischen Seelen auf der Erde wiederholen sich für eine lange Zeit. Zwei Seelen haben einem langen Weg vor sich, nur um zu erfahren, wie unterschiedlich Gefühle sein können. Seelen streben nach Vollkommenheit und bedingungsloser Liebe, der Weg dahin ist ewig. Eine der wichtigsten Lektionen für Partnerschaften, die seelisch begründet sind, ist es, die Fähigkeit zu entwickeln, aus einer Beziehung, die psychologischen Bedürfnissen entspringt, die gestillt werden wollen, eine echte Liebe für einander zu entfalten. Auch eine Trennung kann dazu verhelfen, mit einer neuen Person Liebe auf eine reifere Art zu erleben. Alle zwischenmenschlichen Beziehungen jeder Art geben den Beteiligten die Möglichkeit, etwas Wesentliches zu lernen, bei den spirituellen Partnerschaften sind die Lektionen für das Voranschreiten der Seelen notwendig. Wenn eine Partnerschaft zu Ende geht, weil die vereinte irdische Zeit abgeschlossen ist, bleibt trotzdem die gemeinsame Erfahrung im Inneren des Menschen bestehen, als wertvolle Lektion.

Die Mondknoten

Alles, was dir begegnet, dient dazu, dein Herz für die Liebe zu öffnen.
– Paul Ferrini –

Meiner Erfahrung nach spielen die Mondknoten, Chiron und der Neumond vor der Geburt bei der Deutung der karmisch-spirituellen Astrologie eine sehr wichtige Rolle. Diese Faktoren werde ich in den nächsten Kapiteln beschreiben.

Immer, wenn unsere Seele eine neue Existenz antritt, nimmt die Person eine neue Individualität an. Im Augenblick der Geburt wird ihr neues Horoskop sichtbar. Wir können das Horoskop mit seinen Aspekten und Platzierungen der Planeten auch aus spiritueller Sicht betrachten. Einige Faktoren haben eine Verbindung zu den Themen, die die Seele aus vergangenen Inkarnationen in sich trägt und in diesem Leben noch vertiefen oder abschließen soll.

Alle Astrologen, die sich mit der karmischen und spirituellen Astrologie beschäftigen, sind einer Meinung, dass die Mondknoten für die Deutung wesentlich sind. Bei der Synastrie oder anderen partnerschaftlichen Verfahren weisen die Mondknoten auf karmische oder schicksalhafte Themen in der Beziehung zweier Menschen oder innerhalb einer Gruppe hin. Wenn wir uns von einer historischen Persönlichkeit angezogen fühlen, sie für uns ein Vorbild oder Wegweiser ist, können wir annehmen, dass sie eine Seelenverbindung mit uns hat, ganz gleich, wie lange vor uns sie lebte. Seit meinem vierten Lebensjahr bin ich verliebt in die Musik Verdis. Meine Mondknoten und die Mondknoten des großen Meisters stehen in Konjunktion zueinander. Dies bedeutet nicht unbedingt, dass wir uns in einem anderen Leben begegneten, aber es kann bedeuten, dass wir aus der gleichen Seelenfamilie stammen. Eine andere Erklärung könnte sein, dass seine Musik in mir etwas zum Vibrieren bringt, das in meinem Unbewussten »alte« Erinnerungen berührt.

Die Mondknoten stehen in besonderem Zusammenhang zu menschlichen Beziehungen und besiegeln auf symbolische Weise den Kontakt zwischen Sonne und Mond, weswegen sie in der Partnerschaftsastrologie eine wesentliche Rolle spielen. Für diesen Faktor nennt Reinhold Ebertin in seinem Werk KOMBINATION DER GESTIRNEINFLÜSSE die Stichworte: *Anknüpfung, Verbindung, Geselligkeit, Kameradschaftlichkeit.* Die Art der Verbindung wird definiert durch die Planeten, die zu den Mondknoten in einem Aspekt stehen. Bei Mondknoten/Venus handelt es sich um eine Liebesverbindung oder eine tiefe Freundschaft, bei Mondknoten/Mond geht es um Verwandtschaft und enge Familienbeziehungen usw.

In den Mondknoten verbinden sich drei astronomische Prinzipien: Sonne, Mond und Erde. Die Mondknotenachse bildet sich aus den Schnittpunkten, bei denen der Mond auf seiner Bahn um die Erde auf der Ekliptik die Bahn der Sonne durchquert. Dies geschieht zweimal in einem Monat, einmal befindet sich der Mond nördlich der Ekliptik, zwei Wochen später südlich davon. Aus diesem Grund stehen sich die Mondknoten immer 180° gegenüber. Die Mondknoten wandern rückwärts durch den Tierkreis und bleiben ca. 19 Monate in einem Zeichen, dann durchlaufen sie das vorhergehende Zeichen. Ihr vollständiger Zyklus beträgt 18 Jahre und sieben Monate. Anhand von der Deutung von Combinhoroskopen stellte ich fest, dass in den Beziehungen oft etwas Wesentliches passiert, wenn die Mondknoten einen halben oder einen vollständigen Zyklus durchwandert haben.

Da die Erde einbezogen ist, ist es logisch zu vermuten, dass die Mondknoten die These der Reinkarnation spiegeln. Das Himmlische und das Irdische sind mit ihrem Prinzip verknüpft. Wenn wir die Aussagen der Astrologen überprüfen, stellen wir fest, wie exakt diese intuitive Erkenntnis ist.

Die Mondknoten mit der jeweiligen Hausstellung zeigen – sowohl im Radixbild als auch in den Partnerschaftshoroskopen – die Themen an, die für unsere Evolution wichtig sind. Diese Themen ziehen sich wie ein roter Faden durch das gesamte Horoskop und wiederholen sich.

Abbildung 5: Gertrud

Gertrud hat eine sehr starke Feuerbetonung, ihre Persönlichkeit ist kreativ und ein wenig chaotisch. Sie beginnt vieles, oft gleichzeitig, und hat Mühe, dann alles zu erledigen und zu Ende zu bringen – besonders, wenn die Begeisterung am Ende mehr oder weniger nachlässt. Sie arbeitet als Therapeutin, verwendet in ihren Therapiestunden auch kreative Mittel und Meditation. Ihr Geburtsbild zeigt Sonne, Mond, AC und Mars in den Feuerzeichen. Ihre Sonne ist am MC dominant und Jupiter bildet zu Neptun ein wunderbares Trigon in den Luftzeichen. Gertrud hat Mühe, im Alltag diszipliniert zu handeln, sie ist sehr sprunghaft und hat oft keine Lust, praktische Dinge zu erledigen. Sie sollte mehr Anpassung an die alltägliche Routine und mehr Geduld und Hingabe für die Bedürfnisse ihres Körpers entwickeln. Auch sollte regelmäßige und gesunde Ernährung auf ihrem Tagesplan stehen. Mit dem nördlichen Mondknoten im 6. Haus sollte Spiritualität, die für sie ein wichtiges Thema ist, auch in den kleinen Dingen erlebt werden. Bei der ersten

Betrachtung ihres Horoskops fallen sofort die Feuerbetonung und die anregenden Sextile und Trigone der langsamen Planeten zur Sonne in Widder sowie Mond in Löwe auf. Wenn wir das Geburtsbild genauer betrachten, sehen wir Saturn in Quadrat zum AC, Venus in Stier und Chiron in Steinbock im 6. Haus. Die genannten Faktoren wiederholen das Leitmotiv der Mondknotenachse und sollen helfen, mehr Toleranz und Aufmerksamkeit für die Notwendigkeiten und Begrenzungen des alltäglichen Lebens aufzubringen und zu integrieren. Dies heißt nicht, dass Getrud sich nicht mit Transzendenz und meditativen Praktiken befassen soll.

Getrud hat mir erzählt, dass ihre Pläne immer im Augenblick des praktischen Umsetzens scheitern, weil ihr die nötige Geduld und Demut fehlt.

Einige Astrologen unterscheiden streng zwischen dem Ausdruck des nördlichen und des südlichen Knotens. Sie schreiben dem Südknoten sichtbare karmische Tendenzen zu, die jedoch keine Wichtigkeit mehr für die aktuelle Existenz haben. Dem Nordknoten werden Eigenschaften zugeordnet, die für das aktuelle Leben entwickelt und gelebt werden müssen. Zum Teil ist das wahr, zum Teil nicht.

Die Eigenschaften und Verhaltensmuster, die durch die Platzierung des absteigenden Mondknotens symbolisiert werden, sind zwar vorüber, aber sie haben ihre Funktion noch nicht verloren. Ein Leben reicht der Seele oft nicht aus, um ihre Lektionen zu lernen und zu erfüllen. Der Südknoten ist ein Hinweis auf Themen, die noch bearbeitet und transformiert werden wollen und sollen. Deswegen muss in diesem Leben verfeinert werden, was noch nicht vollständig gelernt ist.

Die Themen, Muster und Potenziale des aufsteigenden Mondknotens dagegen sollen auf der Basis dessen, was wir in vergangenen Leben schon aufgenommen haben, weiterentwickelt werden. Die Inhalte der karmischen Vergangenheit und die neuen Muster *vermischen* sich in der Gegenwart, um weiterentwickelt werden zu können.

Ein Gleichgewicht zu finden zwischen »schon gelernt«, »noch

zu lernen« und »verfeinern und verarbeiten« ist die Aufgabe unseres Lebens als Individuum und innerhalb unserer Beziehungen. Beziehungshoroskope zeigen die gemeinsame Aufgabe durch die Stellung der Mondknotenachse im Combin, im Composit und in den Partnervergleichsverfahren.

Dem absteigenden Mondknoten sind überholte, unbewusste Inhalte, die sich als Wiederholungszwang, unüberlegte Verhaltensweisen und tiefer liegende Muster zeigen, zugeordnet. Das Haus, dem der Südknoten zugeordnet ist, symbolisiert die Art und Weise unserer Reaktion auf Stress sowie auch unsere instinktiven Reaktionen. Diese Reaktionen entstammen nicht nur der Erfahrung unserer Kindheit innerhalb unserer Erdenfamilie, sondern auch den Erfahrungen früherer Inkarnationen. Sie sind nicht nur aus Ursache-Wirkung entstanden und werden nicht als linearer Effekt betrachtet: Sie sind Inhalte alter Lebenserfahrungen während der Ausführung des Seelenprogramms.

Da sie alte und schon gelebte Gefühle, Verhaltensweisen und Muster des Denkens, Handelns und Fühlens sind, werden sie in diesem Leben als vertraut empfunden und oft beibehalten. Die aktuelle Aufgabe ist jedoch, die Fähigkeit zu entwickeln, diese zu verändern, in unsere Realität zu integrieren oder loszulassen.

Oft entnehmen wir der Reaktion unserer Mitmenschen, dass die Zeit reif ist, uns von alten Inhalten zu trennen oder etwas dafür zu tun, um sie verändern oder wandeln zu können. An diesem Punkt angekommen, orientieren wir uns in Richtung der Themen des aufsteigenden Mondknotens. Ich habe mehrmals beobachtet, dass beim Transit der absteigenden Mondknoten auf Sonne, Mond, Venus, den Herrscher des DC oder des 11. Hauses Beziehungen zu Ende gingen, die seit vielen Jahren bestanden, die persönliche Entwicklung jedoch behinderten, oder sie hörten auf, weil wichtige Themen ausgelebt wurden und der Bestand der Beziehung nicht mehr nötig war.

Wenn wir »altes« Verhalten loslassen können, dies seinen Einfluss auf unsere Verhaltensweisen und den weiteren Lebensweg verliert, sind wir bemüht, uns mit den Themen des Hauses, in dem

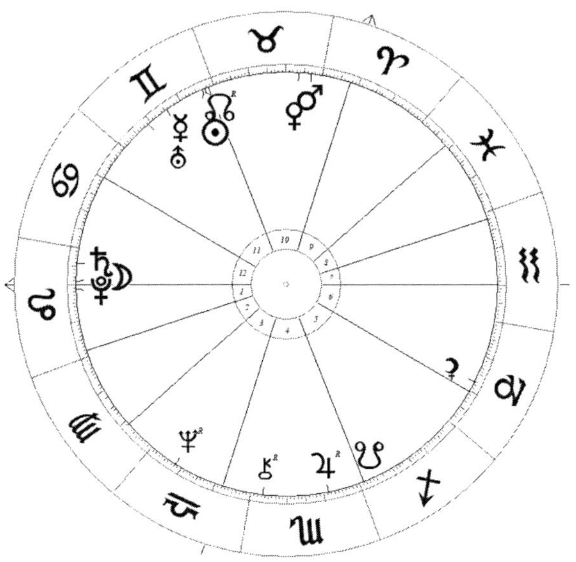

Abbildung 6: Rosina

der aufsteigende Mondknoten steht, auseinanderzusetzen. Die Aufgabe unserer Seele in dieser Inkarnation besteht im Verarbeiten und Loslassen des Alten und in der Neuorientierung. In Bewegung zu bleiben und das Abgelebte vom Neuen zu trennen, ist für unseren Lebensweg notwendig.

Die Erfahrungen, die dem absteigenden Mondknoten zugeordnet sind, werden leichter erlebt, weil sie uns vertrauter sind. Für die Themen des aufsteigenden Mondknotens brauchen wir Ausdauer und Kraft. Haben wir sie jedoch verstanden und erfahren, spüren wir, wie die Energie zu Fließen beginnt. Als besondere Kraftpunkte erweisen sich in unserem Horoskop die Planeten, die zum aufsteigenden Mondknoten in Konjunktion stehen und integriert werden.

Rosinas Horoskop zeigt den aufsteigenden Mondknoten im 11. Haus und der absteigende steht in Haus 5. Meine Klientin hat seit langer Zeit Probleme mit ihrer Tochter, sie kann den Ursprung dieser Schwierigkeiten nicht erkennen. Die Tochter war schon als Kind der Mutter nicht geneigt, ließ sich kaum in die Arme nehmen. Trotz der Jahre sind die Probleme nicht weniger geworden, im Gegenteil. Ihre Beziehung war sehr kompliziert, voller Konflikte. Es kam zu einem langen Bruch. Mutter und Tochter haben sich gefühlsmäßig und räumlich distanziert. Rosina kann sich nicht erklären, was zu der Feindseligkeit ihrer Tochter geführt hat, sie erinnert sich an keine schwerwiegende Situation, die die Ablehnung durch ihre Tochter erklären könnte.

Der Südknoten im 5. Haus könnte auf eine karmische Beziehung Rosinas mit ihrer Tochter hinweisen, die den Hass der Tochter gegen die Mutter begründen kann. Ihre Seelen können in der karmischen Vergangenheit etwas erlebt haben.

Das 11. Haus symbolisiert die eigenen Kinder, Stiefkinder und Schwiegerkinder. Rosina pflegt eine positive Beziehung zu ihrer Ex-Schwiegertochter und deren neuem Partner. Sie ist als Oma gut in dieser neuen Familie integriert und pflegt eine Freundschaft mit gegenseitiger Unterstützung.

Die evolutive Aufgabe der Seele ist es, universelle Liebe zu entwickeln. Für uns ist es leicht, unsere engsten Familienangehörigen zu lieben, besonders unsere leiblichen Kinder. Bei weiterer Entwicklung entfernt sich die Seele aus der egoistischen Liebe zu nahestehenden Personen und richtet sich auch an Menschen außerhalb der Familie, bis sie schließlich bedingungslose Liebe erfährt. Möglicherweise beginnt die Seele Rosinas zu verstehen, dass die Liebe zwischen Eltern und Kindern nicht selbstverständlich ist und es im Leben möglich ist, Menschen zu lieben und zu schätzen, die keine leiblichen Kinder sind, zu denen keine Familienbande bestehen. Dies kann ein Schritt in Richtung anderer Formen von Liebe sein.

Die Deutung der doppelt-synastrischen Aspekte zwischen Rosina und ihrer Tochter könnte lauten, dass ihre Seelen vor der Inkarnation »abgemacht« haben, diese Art von Erfahrung gemeinsam zu durchleben, denn: Der Mond der Mutter steht im Quadrat zum Mondknoten der Tochter, der Mond der Tochter steht im Quadrat

Abbildung 7: Hanna Arendt, 14.10.1906, 21:15 MEZ, Hannover

zum Mondknoten der Mutter. Wie schon erwähnt, sind die Aspekte, die sich in der Synastrie wiederholen, karmische oder schicksalhafte Faktoren. Die Konjunktion der Sonne zum aufsteigenden Mondknoten der Mutter steht direkt in Konjunktion zur Venus der Tochter, während die Konjunktion Sonne-aufsteigender Mondknoten der Tochter eine Konjunktion zur Mars-Venus-Konjunktion der Mutter bildet. Dies sind noch weitere Hinweise auf eine schicksalhafte Beziehung.

Noch ein interessantes Beispiel ist die Beziehung zwischen dem deutschen Philosophen Martin Heidegger und der Denkerin und Historikerin Hannah Arendt. Hannah Arendt stammte aus einer wohlhabenden jüdischen Familie. Sie war hoch intelligent und sehr gebildet. Schon als Kind war sie sehr wissbegierig, als junges Mädchen tendierte sie zu Einsamkeit, galt als etwas »Besonderes«. Der Impuls, zu verstehen, vernünftig zu denken und zu hinterfragen, war für sie lebensnotwendig. Dies wird in ihrem Horoskop von

Abbildung 8: Martin Heidegger, 26.09.1889, 1:30 LMT, Meßkirch

Merkur in Skorpion in Trigon zu Saturn bestätigt. Als junge Frau entschied sie sich für das Studium der Philosophie in Marburg. Hier lehrte ein Professor, der seine Studenten durch seine faszinierende Persönlichkeit in Bann zog: Martin Heidegger. Mit Sonne in Trigon zu Pluto und Neptun war er berühmt für seine brisante und faszinierende Art, Philosophie und alte Philosophen darzustellen. In der akademischen Welt war er eine Kultfigur, bei ihm zu studieren war ein Privileg. Er war klein, gut aussehend und hatte Charisma. Als eine seiner Studentinnen Selbstmord beging, schrieb man das seinem Einfluss zu. Hannah, sie war gerade 18 Jahre alt, wurde von seinem Wissen und seiner Persönlichkeit sofort angezogen. Heidegger war 35 Jahre alt, der Altersunterschied beeinträchtigte die starke gegenseitige Anziehung nicht. Kurz nach der ersten Begegnung wurde ihre Beziehung intim. Da Heidegger verheiratet war und zwei Söhne hatte, entwickelte sich das Verhältnis zwischen ihm und

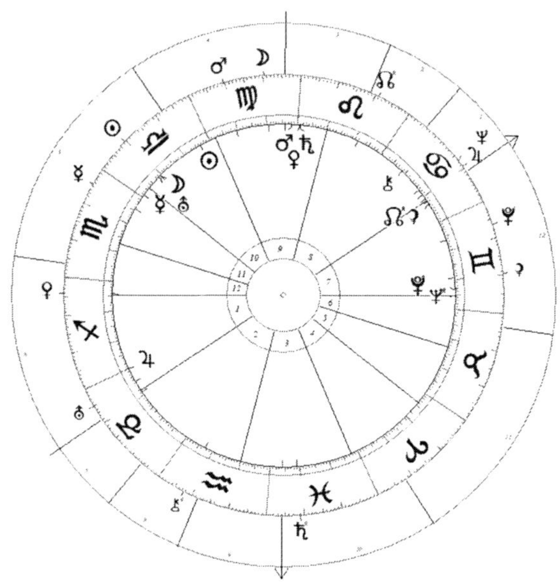

Abbildung 9: Partnervergleich Martin Heidegger und Hannah Arendt

seiner 18-jährigen Studentin sehr kompliziert. Er wollte seine Karriere nicht aufs Spiel setzen und machte Hannah klar, dass die Beziehung heimlich verlaufen müsse. Sie akzeptierte diese Spielregel. Ihre Affäre, die von heimlichen Treffen und Phasen des Abstands gekennzeichnet war, dauerte einige Jahre.

Auch nach der Trennung blieben sie bis zu seinem Tod mit Heidegger in Kontakt. Hannah mit Mond Quadrat Lilith wurde die Muse und Inspiration für ihren Liebhaber. Heidegger gestand ihr, dass er ohne sie sein Werk SEIN UND ZEIT nicht hätte schreiben können. Hannah hing an ihm bis zur Hörigkeit, was typisch für Lilith-Beziehungen ist. In seinem Horoskop steht Lilith in Konjunktion zum Nordknoten und in Quadrat zur Sonne. Diese Lilith-Konstellationen in den Einzelhoroskopen sind ein Hinweis darauf, dass beide in der Lage waren, eine heimliche, »verbotene« Beziehung zu leben. Wenn wir die Synastrie betrachten, sehen wir sofort, dass die Konjunktion Lilith/Mondknoten von Heidegger auf ihrem

AC zu Jupiter und Neptun platziert ist. Diese Konjunktion zeigt eine schicksalhafte Verbindung mit Lilith-Betonung. Sie wiederholt sich in der Konjunktion von DC-Pluto/Neptun Heideggers zu ihrer Lilith. Diese Aspekte zeigen die Leitthemen ihrer Begegnung. Bei Lilith in der Partnerschaftsastrologie handelt es sich oft um Beziehungen, bei denen die Partner sehr unterschiedlicher Herkunft und Kultur sind oder konträre politische Ansichten haben. Sie war Jüdin, er hegte antisemitische Ideen. Da Lilith die Verbindung zu den Mondknoten in Heideggers Horoskop aufweist und diese Konjunktion auf dem AC von Arendt steht, ist die schicksalhafte Beziehung nicht auszuschließen. Obwohl Heidegger von ihrem scharfen Intellekt fasziniert war, wollte er auf geistiger Ebene der Meister sein und verdrängte sie in die Rolle der Schülerin. Die intellektuelle Unterdrückung Heideggers und sein Versuch, Hannah in eine bestimmte Rolle zu zwängen, passt zu dem Archetyp Liliths. Obwohl Hannahs Leidenschaft für ihren Lehrer sehr intensiv war, wurde ihr klar, dass sie sich von seinem Einfluss befreien musste, um ihre intellektuelle Integrität zu wahren.

Mit Heideggers Chiron in Quadrat zur Sonne Arendts ist es offensichtlich, dass er sie unterdrückte und intellektuell nicht anerkennen wollte, womit er sie sehr verletzte. Sein Pluto in Quadrat zu ihrem Mond zeigt nicht nur intellektuelle Beeinflussung, sondern auch emotionale Beherrschung. Er war der große Meister, sie sollte Vestalin und Bewunderin sein und bleiben. Hannah war zu intelligent für diese Rolle. Die Synastrie zwischen ihnen ist sehr spannend, in diesem Kapitel kann ich jedoch nur die Aspekte nennen, die zu unserem Thema passen. (Ich verweise auf meinen Artikel in Meridian 6/2016, mit dem ausführlichen Horoskopvergleich.)

Obwohl die Trennung von Heidegger sehr schmerzhaft für Hannah war, schaffte sie es, sich wenigstens räumlich von ihm zu distanzieren. Sie blieben jedoch immer in Kontakt. Zehn Jahre später schrieb sie in einem Brief an ihn:

> Ich habe immer gewusst, dass ich wirklich nur existieren kann in der Liebe, und hatte gerade darum solche Angst, dass ich einfach verloren gehen

könnte. Und nahm mir meine Unabhängigkeit. (Hannah Arendt, Die Liebe zur Welt, Berlin 2012, S. 56)

Noch eine Bemerkung wäre über die Mondknoten in der Partnerschaftsastrologie zu machen. Wenn der Südknoten in Konjunktion zum Nordknoten einer anderen Person steht (die umgekehrte Achse), kann es sich um eine Beziehung handeln, in der ein Partner die Rolle des Lehrers, Mentors oder Meisters übernimmt und der andere die Rolle dessen, der seelisch viel davon profitiert.

Vor vielen Jahren machte ich die Bekanntschaft eines alten Herren, der seit seiner Jugend die Sitzungen des Mediums Corrado Piancastelli in Neapel miterlebte, in denen Piancastelli die Lehre der Entität A vermittelt wurde. Dieser alte Herr besaß sämtliche Aufnahmen dieser Sitzungen und schenkte sie mir, obwohl er mich kaum kannte. Unsere Freundschaft wuchs mit der Zeit und er ist immer bereit, auf meine Fragen einzugehen und mich als Mentor zu begleiten. Dank seiner Großzügigkeit hatte ich die Möglichkeit, mich eingehend mit dieser Lehre auseinanderzusetzen und sie in meine Arbeit einfließen zu lassen. Unsere beide Mondknotenachsen stehen gegenseitig in Konjunktion zueinander.

Chiron und Chariklo

Es gibt Begegnungen mit Leuten, für die wir uns, und seien sie uns auch völlig unbekannt, vom ersten Blick an interessieren, quasi schlagartig, urplötzlich, bevor man überhaupt das erste Wort gesagt hat.
– Michèle Lesbre –

Bei meiner täglichen astrologischen Arbeit sehe ich, dass Chiron auf besondere Weise mit unserer Seele verbunden ist. Die psychologische Astrologie sucht bei Saturn- und Pluto-Problematiken meist nach einer therapeutischen Lösung. Doch bei Prozessen, an denen Chiron beteiligt ist – ob als Geburtsplanet oder in Transit –, greift diese Lösung nicht; hier wirkt etwas anderes.

Wir wissen, dass die Seele Zeit braucht, um die Lektionen des Lebens zu verinnerlichen und das Gelernte dem Höheren Selbst zu vermitteln, damit es sich entwickeln kann. Eine Therapie wäre nicht erfolgreich, wenn die Seele noch nicht bereit ist, sich zu öffnen und die Integration der verletzten Anteile und Gegensätze, die uns innerlich plagen, zu gestatten. Bei meiner Arbeit habe ich die Erfahrung gemacht, dass die Chiron-Themen des Geburtshoroskopes sich zu gewissen Zeiten im Leben immer wieder bemerkbar machen. Da zwischenmenschliche Beziehungen im Allgemeinen unsere größte Herausforderung darstellen, erleben wir Chiron-Themen deshalb meist problematisch und sehr intensiv.

Ich beschäftige mich seit vielen Jahren mit Partnerschaftsastrologie. Dabei konnte ich oft feststellen, dass Chiron-Aspekte zu jenen Faktoren des Geburtsbildes gehören, die für unsere Beziehungen zuständig sind. Sie können – durch die Art, wie wir Beziehungen leben – zu unversöhnlichen Gegensätzen führen. Diese beziehungsrelevanten, astrologischen Faktoren sind Sonne, Mond, Venus, Mars, der Herrscher des Deszendenten und die Platzierung von Chiron im 7. Haus oder in Konjunktion zu DC. Bei Freundschaften gilt der Herrscher des 11. Hauses. Beeinflusst Chiron auf diese Weise unser Beziehungsleben, so können wir in Situationen geraten, die uns verunsichern, weil sie sehr widersprüchlich sind. Oft verweilen wir lange in solchen Zuständen und wissen nicht, wie wir uns aus einer solchen Lage befreien können. Besonders die Transite Chirons zeigen uns, dass wir uns nicht zu Entschlüssen zwingen können, bevor die Zeit für eine Veränderung reif ist. Oft können wir aus diesen Prozessen lernen, dass die Gegensätzlichkeit Teil unseres eigenen Charakters ist, den wir anerkennen und mit dem wir leben müssen.

Unter Chiron-Transiten lernen wir häufig Menschen kennen, die eine heilende Wirkung auf uns haben. Eine Heilung kann dabei durch Zusammenleben erfolgen und durch Erfahrungen, die wir mit ihnen teilen. Chiron-Transite auf die Partnerschaftshoroskope wie Combin oder Composit konfrontieren uns mit der inneren Wunde dieser Beziehung sowie mit den Gegensätzen. Über diese Beziehungsproblematik werden wir uns gerade unter Chiron-Transiten bewusst, weil der wunde Punkt erst durch ihren Einfluss sichtbar wird und zu schmerzen beginnt. In diesem Fall kann Heilung über die Konflikte oder auch Abschied geschehen.

Die wunden Punkte in Liebesbeziehungen oder Freundschaften können aus alten persönlichen Traumata stammen, welche zu weiteren Wunden in späteren Partnerschaften führen. Chiron-Transite bringen Weisheit und dienen einem wichtigen Zweck, wenn es um die Beziehungen zu anderen Menschen geht: Sie konfrontieren uns mit seelischen Verletzungen, damit diese heilen und wir reifer werden können. Ein Prozess, der durch einen Chiron-Transit ausgelöst wird, wird meistens als Heilung durch Krise erfahren.

Der Kentaur und seine Gattin

In meinem Buch CHIRON IN DER PARTNERSCHAFTSASTROLOGIE erzähle ich den Mythos der Liebesbeziehung des Kentaur Chiron und seiner Frau Chariklo. Sie lebten in einer harmonischen Beziehung und liebten einander. Aus ihrer liebevollen Ehe wurden drei

Töchter geboren. Der Name Chariklo bedeutet Schönheit und Feinheit. Als Wassernymphe besaß sie die Gabe der Hellsichtigkeit und war eine Heilerin. Ihre gemeinsame Tochter Menalippe erbte die Begabungen der Mutter. Die Liebesbeziehung zwischen dem Kentaur Chiron und der schönen Chariklo stellt das Prinzip der Heilung zwischen Mann und Frau dar, wie wir sie auch in ähnlichen Mythen oder Märchen kennen.

Psychologisch gedeutet steht Chariklo für das positive Anima-Bild Chirons und damit im Gegensatz zu dem ablehnenden weiblichen Prinzip, das von Philyra, der Mutter von Chiron, symbolisiert wird. Die ursprüngliche Erfahrung, die Chiron mit seiner Mutter hatte, war von Verletzung und Ablehnung geprägt und hinterließ viel Schmerz. Chariklos Liebe wirkte Wunder: Chiron konnte von diesen seelischen Schmerzen geheilt werden.

Es existiert eine Auslegung des Chiron-Mythos, in der Philyra zu Chiron zurückkehrte und zusammen mit ihm und dessen Frau lebte. Dies könnte einen Integrationsprozess der beiden Pole seiner Anima, der positiven und der negativen, bedeuten. Obwohl Chiron als Kind tiefe Verletzungen durch seine Mutter erlebte, blieb er der Frau nicht fern und lernte durch Chariklo die Liebe kennen. Aus der heilenden Verbindung zu seiner Frau wurden weitere weibliche Wesen geboren: drei Töchter.

Heilende Beziehungen

Die folgende Geschichte schildert den Mythos von Chiron und Chariklo, wie er sich sehr passend in der Realität ereignete. Es handelt sich um die letzte Ehe des italienischen Altmeisters der Regie, Michelangelo Antonioni, dessen Filme oft die Unergründlichkeit der Frau sowie die Beziehung zwischen Mann und Frau aus Sicht ihrer unterschiedlichen Welten zum Thema haben. Den weiblichen und männlichen Protagonisten gelingt es nicht, miteinander zu kommunizieren, und ihr gegenseitiges Unverständnis wird oft durch kalte, winterliche Landschaften unterstrichen.

Die weiblichen Figuren seiner Filme sind Frauen in einer schweren existenziellen Krise, sie leiden, weil sie sich selbst und anderen gegenüber fremd fühlen.

Im Geburtsbild von Antonioni wird diese Thematik durch die Platzierung des Mondes im 12. Haus symbolisiert: Dies zeigt das Bild einer Frau, die im geheimnisvollsten Abschnitt des Horoskopes gefangen ist. Das Quadrat zwischen Mond und Lilith betont die Fremdheit zu den traditionellen Werten des Weiblichen, charakterisiert durch die Stellung des Mondes in Stier. Chiron im 10. Haus symbolisiert die Themen, die Antonioni dem Publikum mit seinen Filmen bewusst machen will: das Sich-fremd-fühlen, das Tragen inneren Leids aus tiefer Unzufriedenheit.

Auf die Frage eines Journalisten: »Warum kennen Sie die Frauen so gut?« antwortete Antonioni Folgendes:

> Niemand kann eine Frau richtig kennen. Ich bin ein großer Beobachter, ich schaue, ich beobachte genau und versuche, sie zu verstehen, aber keinem Mann gelingt es, die Frauen wirklich zu verstehen. Für mich bleiben sie auch nach langer Zeit noch ein Geheimnis, ein wunderschönes Geheimnis. (Adesso 4/2003, S. 24)

Im Jahr 1972, nachdem Antonioni ZABRISKIE POINT gedreht hatte, trat seine zukünftige Ehefrau in sein Leben: die damals 18-jährige Enrica Fico. Obwohl ein Altersunterschied von 40 Jahren vorhanden war, wurde ihre Beziehung eine der stabilsten der italienischen Kinoprominenz. Ihre Liebe war schicksalhaft und heilend. In einem Interview für die englische Zeitung THE GUARDIAN sagte sie vor Kurzem: »Ich hatte, was ihm fehlte. Wenn er ein Mann war, der seine Gefühle nicht annehmen konnte. Ich schon. Es war diese Distanz, die uns zusammenhielt.«.

Enrica Fico berichtet in einem Artikel von ihrer ersten Begegnung mit Antonioni. Als Antonioni eintrat kam es ihr vor, als kenne sie ihn schon lange. Er betrachtete Enrica voller Interesse und sie sprachen miteinander wie alte Bekannte. Anlässlich der Feierlichkeiten zum 90. Geburtstag von Antonioni schrieb sie: »In diesem Augenblick hat meine Seele den Mann erkannt, für den es sich

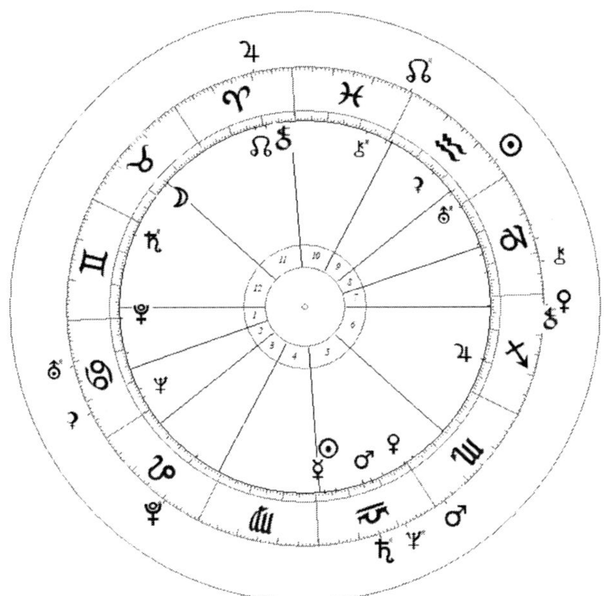

Abbildung 10: Innen Michelangelo Antonioni, 29.9.1912, 21:45, Ferrara, I Außen Enrica Fico, 25.2.1972 (ohne Mond und Merkur)

lohnte bei ihm zu bleiben« (Così ti ricordo, 23. September 2012, Spettacolo News, Internet).

Im Jahre 1972, als sich die beiden verliebten, transitierte Chiron über den Nordknoten von Antonioni. Der Transit zeigt die Schicksalsnatur der Begegnung, die ihm widerfuhr. Am 30. Oktober 1986 heirateten Enrica Fico und Michelangelo Antonioni. Der Tranist-Jupiter stand in Konjunktion mit dem Radix-Chiron. Diese Konstellation deutet auf den heilenden Prozess hin, der mit dieser Bindung entstehen konnte.

1985 erlitt Antonioni einen Schlaganfall. Chiron transitierte in Zwillingen im Quadrat zum Geburts-Chiron. Dieser Transit symbolisiert die »Verwundung«, die dem Regisseur das Wort nahm. Bis zum Tod von Antonioni blieb Enrica an seiner Seite als liebende Lebensgefährtin und Übersetzerin seiner Gedanken und Gefühle.

Leider kennen wir keine Geburtszeit von Enrica Fico, aber auch von der Stellung der Planeten für ihren Geburtstag ist es möglich, wichtige Verbindungen zu dem Horoskop ihres Mannes zu finden. Das Paar hat mehrere Aspekte in der Synastrie, bei denen Chiron beteiligt ist: Antonionis Chiron steht in perfekter Konjunktion zur Sonne und zum Merkur seiner Frau. Zweifelllos wirkte dieser Aspekt im Leben Antonionis später sehr heilend, als seine Frau Sprache und Ausdruck seiner Kreativität wurde.

Der Chiron von Enrica Fico steht im 7. Haus und bildet ein Sextil zu seiner Sonne und zu den Mondknoten Antonionis, dazu kommt ein Quintil zu seiner Venus, die im 5. Haus steht. Quintile sind in ihrer Bedeutung ähnlich den Trigonen, mit dem Unterschied, dass sie zum Schöpferischen herausfordern. Planeten, die zueinander im Quintil stehen, zeigen Lebensbereiche an, in denen man die Wirklichkeit durch kreatives, künstlerisches Handeln und Schaffen überhöhen möchte. Dieses Quintil aktivierte die Kreativität und die schöpferische Arbeit des Regisseurs.

Der Mond von Fico steht in den ersten 15 Graden des Zeichens Fische in der Nähe der Sonne, d.h. Chiron von Michelangelo wird auch in Konjunktion zu dem Mond stehen. Chiron von beiden Partnern stehen in Sextil zueinander. Diese Aspekte zeigen die seelische Verbindung zwischen Mann und Frau, die heilende Eigenschaften besitzt.

Zum Schluss noch ein kleiner Ausflug in neue Gefilde, wenn wir versuchsweise auch den Kentaurenplanten Chariklo mit einbeziehen und die Verbindungen, die dieser neue Faktor synastrisch bildet, betrachten. Chariklo von Antonioni steht ca. 10°35‘ in Widder und bildet eine Konjunktion zu seinem Mondknoten und ein Quadrat zum Chiron von Enrica (dieser Aspekt symbolisiert die Ehe von Chiron und Chariklo und ihre Liebe zueinander). Zu beachten ist, dass Chariklo in Antonionis Horoskop auch in Konjunktion zu seinem Chiron-Radix steht (symbolisch die Begegnung mit seiner Chariklo). Chariklo von Enrica steht auf 27°49‘ Schütze in

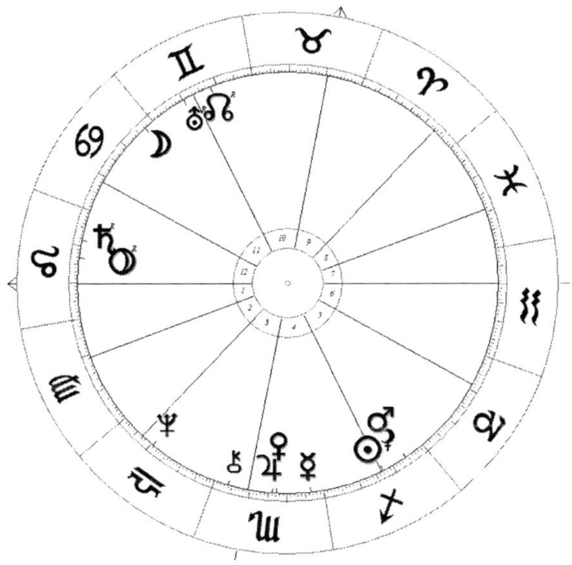

Abbildung 11: Sonia Gandhi, 9.12.1946, 21.30 MEZ, Lusiana, I

Sextil zu seiner Venus und damit in einer exakten Konjunktion zum DC und im Sextil zu seiner Venus und zu seinem MC. Durch ihre Inspiration und Mitarbeit konnte Antonioni bis ins hohe Alter kreativ aktiv sein.

Ein anderes eindrucksvolles Beispiel ist die Liebesgeschichte von Sonia Maino Gandhi und Rajiv Gandhi, dem Sohn von Indira Gandhi, der mächtigsten Frau Indiens in den 60er-Jahren.

Auch zwischen ihnen war es Liebe auf den ersten Blick. Antonia Edvige Antonia Albina Maino ist der Geburtsname von Sonia Gandhi. Sie wuchs in der Provinz von Torin auf. In den 60er-Jahren ging sie nach England, um zu studieren. Dort traf sie den Studenten Rajiv. Ihre Familie widersetzte sich dieser Liebe aus Angst, sie könnte in einem Land leben, dessen Kultur und Lage weit von Italien entfernt ist. Sonia, wie sie später hieß, zögerte, weil sie den Einfluss der machtvollen Schwiegermutter fürchtete, mit der sie jedoch

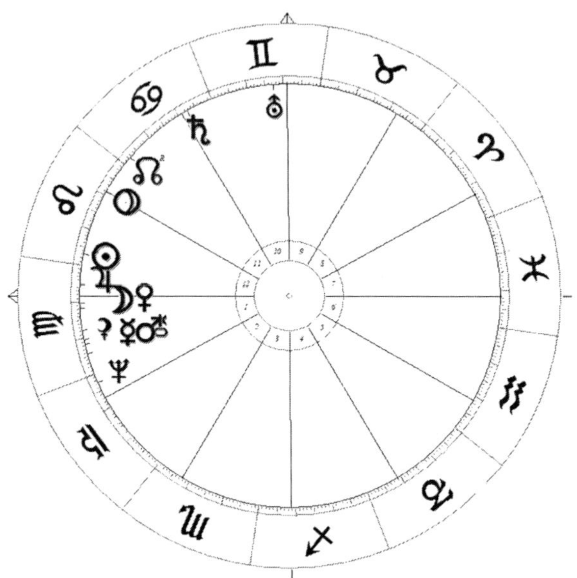

Abbildung 12: Rajiv Gandhi, 20.8.1944, 8.14 IST/S, Bombay

später Freundschaft verband. Rajiv kämpfte drei Jahre um sie, bis Sonia ihm nach Indien folgte. Die junge Italienerin teilte bald die politischen Ansichten ihres Mannes und wurde 1968 politisch tätig. Nachdem Indira Gandhi ermordet worden war, übernahm der Sohn das Amt der Mutter und wurde Premierminister von Indien. Leider wurde auch er 1991 ermordet. Sonia entschied sich, aus Leidenschaft für die Politik und aus Liebe zu ihrem verstorbenen Mann, seine Politik weiterzuführen und für immer in Indien zu bleiben. Sie wurde Vorsitzende der Kongress-Partei und eine der einflussreichsten Frauen der Welt. Die Liebe zu ihrem Mann verwandelte sich in Hingabe an die indische Nation und ihr Volk.

Es ist interessant festzustellen, dass im Fall Sonia und Rajiv Jupiter einen Doppelaspekt zu Chiron bildet und nicht die typischen Planeten der Liebe. Zweifellos bestand ihre Beziehung aus echter Liebe, aber das Thema ihrer Partnerschaft waren die gemeinsamen politischen Ideale und die mitgeteilten Werte. Der Chiron von Sonia ist in Sextil zum Jupiter des Ehemannes, dieser Aspekt wiederholt sich mit seinem Chiron in Sextil zum Jupiter von Sonia. In der Synastrie sind Doppelaspekte, von Stephan Arroyo »double-whammy« genannt, immer sehr bedeutendsvoll. Sie können die karmische Natur einer Beziehung betonen oder sind Anzeichen für ein machtvolles Thema, das zwei Menschen verbindet, und zwingen die Partner in eine bestimmte Richtung. Im Composit-Horoskop stehen Chiron und Jupiter in Konjunktion zueinander. Als Politiker teilten sie die gleiche Vision (Jupiter), sie wollten das Land von Armut und Ignoranz befreien (Chiron). Im Composit ist die genannte Konjunktion im 2. Haus platziert, während die Sonne, Merkur, Lilith und Mars im 3. Haus stehen. Die beiden Häuser symbolisieren die materielle Realität (das 2. Haus) und die Bildung (das 3. Haus). Der Mond im 12. Haus in Konjunktion zu Pluto lässt vermuten, dass das Thema Macht sie nicht kalt ließ und dass das Erreichen ihres politischen Einflusses durch verdeckte Unterstützung möglich war. Diese Platzierung im 12. Haus ist ein Hinweis darauf, dass das Paar mit vielen versteckten Feinden und Intrigen zu kämpfen hatte, die schließlich zu dem gewaltsamen Tod von Rajiv Gandhi führten.

Der karmische Neumond: Die gemeinsame Berufung

Wo Liebe ist, wird das Unmögliche möglich.
– Buddha –

Der karmische Neumond vor der Geburt ist ein wichtiger Faktor, um in der Partnerschaftsastrologie die gemeinsame Berufung, die zwei Personen miteinander teilen, feststellen zu können, unabhängig davon, welche Art von Beziehung die beiden pflegen. Die Aspekte in der Synastrie zwischen dem karmischen Neumond und den Planeten der Partner sowie die Hausstellung im Horoskop des anderen geben uns wichtige Hinweise über die gemeinsamen Ideale und die Bestrebungen, die die Partner teilen.

In einem Film über die 60er-Jahre habe ich erfahren, dass Joan Baez und Martin Luther King gute Freunde waren. Sie unterstützte Martin Luther King bei seinen Friedensmärschen und bei den von ihm organisierten Demonstrationen lief sie an seiner Seite für die gemeinsamen Ideale. Als Joan Baez noch Kind war, sah sie Martin Luther King erstmals, als ihr Vater sie zu einer Rede des damals jungen Bürgerrechtlers mitnahm. Seine Worte beeindruckten sie sehr. Ihr Vater war ein Idealist, der in politische Kämpfe involviert war. Er hatte mexikanisches Blut und Joan Baez' Hautfarbe war dunkler als die des Durchschnittsamerikaners, sodass sie als Kind in der Schule deswegen diskriminiert wurde. Von den Nachbarn wurde ihr oft verboten mit ihren Kindern zu spielen und sie wurde »Nigger« beschimpft. So berührten sie die Reden des farbigen Aktivisten tief und in ihrem Herzen blieb das Kind Joan Martin Luther King verbunden. Als die Sängerin dann für ihre Protestlieder bekannt wurde, lernte sie Martin Luther King endlich persönlich kennen. Sie wurden Freunde.

Joan Baez sieht sich mehr als Politikerin denn Musikerin, Politik

Abbildung 13: Joan Baez, 9.01.1941, 10:45 EST, New York NY

ist ihre Leidenschaft. Baez' Horoskop (geboren) zeigt den nördlichen Mondknoten am DC in der Waage in Konjunktion zu Neptun. Ihr Idealismus und ihr ausgeprägter Sinn für Gerechtigkeit werden durch diese Konstellation symbolisiert. Der kämpferische Widder-AC und der Mond in Opposition zu Mars verleihen ihr die Kämpfernatur und den Mut, sich zu exponieren. Es ist bekannt, dass Joan Baez wegen ihrer Protestaktionen oft im Gefängnis war. Venus im 9. Haus und Sonne in Steinbock im 10. Haus unterstreichen ihre Liebe und ihr Engagement für Politik und Gerechtigkeit.

Im Jahr 1966 nahm sie an der Seite Martin Luther Kings an einer Demonstration in Grenada, Mississippi, gegen die Diskriminierung schwarzer Kinder in den amerikanischen Schulen teil.

Martin Luther King bekräftigte unermüdlich den gewaltlosen Widerstand. Er war ein Held für die schwarze Bevölkerung und für Menschen am Rand der Gesellschaft. Er setzte sich mit Optimismus

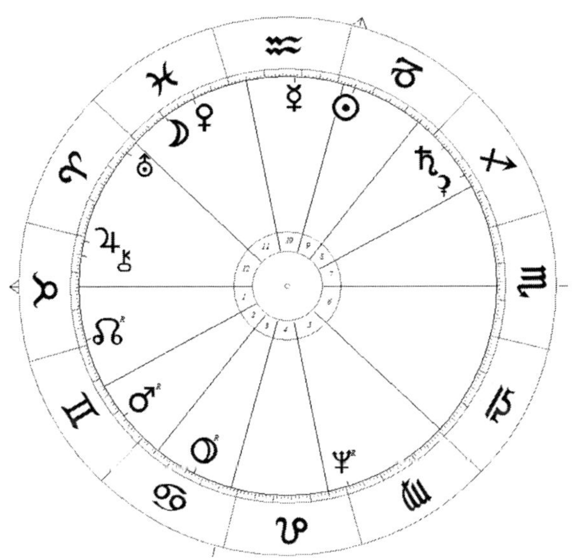

Abbildung 14: Martin Luther King, 15.01.1929, 12:00 CST, Atlanta GA

für den friedlichen Kampf ein, da dies für ihn die wirkungsvollste Alternative war zur Resignation der schwarzen Bevölkerung und der Forderung nach Gewalt anderer farbiger Aktivisten. Das Geburtsbild spiegelt seine festen Überzeugungen wider und zeigt die Ehrlichkeit seiner Absichten. Sein AC steht in dem friedlichen und konkreten Zeichen Stier, Mond und Venus in dem sensiblen Zeichen Fische. Mars in den Zwillingen in Opposition zu Saturn weist auf eine Zähmung der aggressiven Triebe hin. Die Stellung seiner Sonne in Steinbock ist beeindruckend, sie steht in den letzten Graden von Haus 9 und schenkte ihm damit eine visionäre Natur. Martin Luther King sprach einen Satz, der ihn unsterblich machte: »*I have a dream.*« Die Nähe der Sonne zum MC ermöglichte, dass seine Vision in die ganze Welt getragen und ein Mantra für Veränderung und den gewaltlosen Kampf gegen Ungerechtigkeit und Diskriminierung wurde.

Joan Baez und Martin Luther King hegten einen gemeinsamen Traum, der sie in einer gemeinsamen Aufgabe verband: den Kampf gegen Rassismus und jegliche Art von Ungerechtigkeit. Sie gehörten beide der Friedensbewegung an.

Der karmische Neumond am 11. Januar 1929 von Martin Luther King, fällt im Horoskop von Joan Baez in das 10. Haus und bildet demnach mit ihrer Steinbock-Sonne eine Konjunktion. Welcher andere wechselseitige Aspekt könnte eine Fusion der Ideale, Träume und Berufung besser symbolisieren?

Die Beziehung mit Martin Luther King war nicht die einzige schicksalhafte Verbindung im Leben von Joan Baez. Ihre Musik brachte die Sängerin auch in Kontakt mit Bob Dylan, der damals unbekannter war als sie (Auch diese Begegnung war karmischer oder schicksalhafter Art. Der karmische Neumond von Dylan steht in enger Konjunktion zum absteigenden Mondknoten und dem AC von Joan Baez.)

Joan war als Folksängerin schon erfolgreich, als sie den 19-jährigen Dylan in Greenwich Village kennenlernte. Bob Dylan liebte die Lieder der gleichaltrigen Sängerin und ihre Stimme berührte ihn. Er sagte über sie: »*Ihre Stimme führt direkt in den Himmel.*« Auch die Baez war von der Stimme und Lyrik des jungen Mannes sehr beeindruckt. 1963 trafen sie sich persönlich und kurz nach dieser Begegnung sangen Bob und Joan beim Festival von Monterey ein Duett. Sie lud ihn im August 1963 zu ihrer Tournee ein, wo sie gemeinsam vor 10.000 Menschen sangen. Ein Teil der Besucher aber war enttäuscht und pfiff Bob Dylan aus, sie wollten Joan Baez alleine singen hören. Die Unterstützung der berühmten Folksängerin führte Bob Dylan jedoch zum Erfolg als Solist. Beide sangen einige Jahre zusammen und über ihrer künstlerischen Zusammenarbeit wurden sie ein Paar.

Wegen ihres rebellischen Charakters wollte Dylan Joan Baez nicht heiraten (Aszendent in Widder, Lilith im 1. Haus und Sonne Trigon Uranus). Man sagt, er hatte keinerlei Einfluss auf sie. Später heiratete er ein sanftes Mädchen, das zu Hause auf ihn wartete, während er auf Tournee war. Joan Baez nahm keine Drogen und

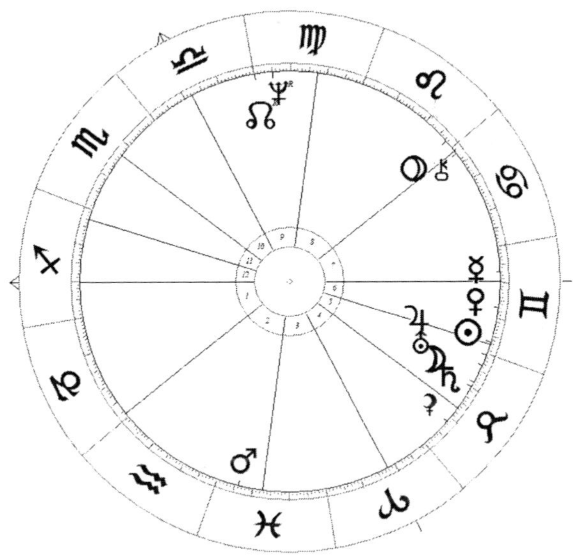

Abbildung 15: Bob Dylan, 24.05.1941, 21:05 CST, Duluth MN

tolerierte auch den Konsum Dylans und der anderen Bandmitglieder nicht. 1965, nach zwei turbulenten Jahren, die auf künstlerischer Ebene jedoch sehr fruchtbar waren, trennten sich Joan und Bob. Heute, nach vielen Jahren, sprechen beide mit Zuneigung und Respekt voneinander, die alten Ressentiments sind vergessen.

Wie ich mit diesen beiden Beispielen zeigen möchte, ist der karmische Neumond im Partnervergleich oftmals Zeichen für eine gemeinsame Berufung oder für eine Berufung, die wir durch eine andere Person erkennen und ausleben können.

Wahre Freundschaft

Wenn du an mich denkst, denk an die Liebe. Nicht an eine irdische Liebe, aber an eine grenzlose Liebe, die weder Anfang noch Ende hat.
– Stella –

Wahre Freundschaft ist nie Zufall. Wenn sie ehrlich und tief ist, ist sie von schicksalhafter Natur. Freundschaft verlangt reife Partner, damit diese Beziehung auf reifer Basis gelebt werden kann.

Nachdem wir ein Gleichgewicht erreicht und die Bereitschaft entwickelt haben, einen anderen Menschen zu akzeptieren, wie seine Natur ihn geschaffen hat, sind wir in der Lage, einen gemeinsamen, oft nicht einfachen Weg mit ihm zu gehen. Der nächste Schritt, um dem anderen wirklich zu begegnen, ist die Bereitschaft, uns von unvermeidlichen Erwartungen zu trennen. Freundschaft soll die individuelle Freiheit respektieren und dem Freund gestatten, auch für andere Freundschaften offen zu sein. Jede Bindung braucht Freiheit, Freundschaft umso mehr, weil sie, im Gegensatz zur Liebesbeziehung, kaum von Leidenschaft und Erotik bestimmt wird.

Eine der schwierigsten Aufgaben, die inkarnierte Seelen mitbringen, ist es das Bedürfnis nach Besitz und Exklusivität in engen, zwischenmenschlichen Partnerschaften zu transformieren. Um diesen Wunsch nach Besitz zu befriedigen, kann jedes Mittel recht sein: Manipulation, Druck und/oder Unterwürfigkeit. Die Angst, unsere beste Freundin oder unser bester Freund könnten mit einem anderen so tief befreundet sein wie mit uns, entlarvt unseren Mangel an Selbstwert und unsere Verletzlichkeit.

Die Seele braucht die Konfrontation mit unseren Schwächen und Unsicherheiten. Unsere Aufgabe ist es, uns unserem Bedürfnis nach Kontrolle und unserer Ängste, die unvermeidlich zu Trennung führen, bewusst zu werden. Wir dürfen diese Ängste nicht auf unsere Freunde übertragen.

Wahre Freundschaft besteht aus gegenseitigem Vertrauen und

dem gegenseitigen Annehmen des anderen, so wie er/sie ist. Wahre Freunde sind Weggefährten, die in ihrer Beziehung ein Gleichgewicht zwischen dem Bedürfnis nach Vertrautheit und dem Respekt vor der persönlichen Sphäre des anderen herstellen können. Eine Freundin, die mit einer Gefährtin den Weg nach Santiago de Compostela lief, erzählte, dass sie viele Stunden mit Plaudern und Erzählen liefen und ebenso viele Kilometer in Schweigen, jeder für sich in Kontemplation und innerer Aufmerksamkeit. Jede gute Beziehung ähnelt solcher Pilgerschaft.

Der echte Freund braucht nicht die ständige Anwesenheit des anderen und hat es nicht nötig, täglich die Nähe des anderen zu erleben, um zu spüren, ob die Zuneigung noch lebendig ist. Die innige Freundschaft wird durch das Vertrauen genährt, dass bei jedem Wiedersehen, auch wenn das Leben die Freunde trennt, die alte Vertrautheit und Zuneigung auch nach Jahren der Trennung lebendig ist.

Wissenschaftler haben festgestellt, dass wahre Freunde eine ähnliche Gehirnstruktur entwickeln. Die Zeit, die zwei Freunde miteinander verbringen und genießen, senkt den Stresshormonspiegel deutlich und wahre Freundschaften zu pflegen, kann das Leben um 22 % verlängern. Gute Freundschaften sind ein Faktor des individuellen Lebensglücks.

In der Astrologie gehört die Freundschaft zu dem 11. Haus und dem Zeichen Wassermann. Hierunter wird eine Freundschaft verstanden, die frei von Besitzansprüchen und emotionalen Exzessen ist. Das Wassermann-Prinzip meint eine freie, geistige Verwandtschaft, keine Enge. Wassermann ist ein Luftzeichen, das eine objektive Betrachtung seiner selbst und des anderen verlangt.

Freundschaft besteht aus der Fähigkeit, den Freund mit seinen Visionen, Anliegen und Fehlern zu akzeptieren, sich ihm anzupassen, ohne jedoch die eigene Natur zu verleugnen. Die eigene Individualität soll unbedingt erhalten bleiben. Die Konflikte sind so wichtig wie die schöne, gemeinsam erlebte Zeit. Ein echter Freund hilft dem anderen zu begreifen, wo er sich irrt, und unterstützt durch diese Kritik den anderen in seinem persönlichen Wachstum.

Bei einer wahren Freundschaft suchen wir in Konflikten nach einer Lösung. Wird die Beziehung doch unterbrochen, bleibt die Zuneigung bestehen.

Venus ist der Planet der intimen und herzlichen Beziehungen, die Freundschaft gehört deshalb zu dem Venus-Prinzip. Im Partnervergleich sind die wechselseitigen Aspekte von Venus oder die Winkel von Venus zu Sonne, Mond und Jupiter der anderen Person entscheidend. Venus symbolisiert die Beziehungsfähigkeit, den Ausgleich zwischen Geben und Nehmen und die Bereitschaft, anzunehmen, was vom anderen kommt. In einer Freundschaft wachsen wir innerlich zusammen, deswegen sind die Aspekte zwischen Venus und Saturn im Partnervergleich wichtig, auch wenn es sich um Konjunktionen, Quadrate oder Oppositionen handelt. Die Themen solcher Planetenverbindungen, auf reife und verantwortungsvolle Weise gelebt, sind fördernd für das individuelle und gemeinsame Wachstum. In einer ehrlichen Beziehung soll Kritik nicht verletzen, sondern helfen, sich selbst infrage zu stellen, um eine Veränderung zu ermöglichen.

Der Mond spielt in der Synastrie und in den Partnerschaftshoroskopen eine wesentliche Rolle, vor allem bei der Analyse einer intimen Beziehung. Die Stichworte für das Mond-Prinzip sind: eingebunden fühlen, Vertrauen erfahren, Geborgenheit schenken und bekommen, ohne Worte kommunizieren, Solidarität, Zärtlichkeit, Vertrautheit. Diese Begriffe kommen aus dem Bedürfnis »sich zu Hause«, geborgen und gefühlsmäßig genährt zu fühlen. In der Freundschaft suchen wir grundsätzlich die seelische Verwandtschaft. Dieser Wunsch gehört zu den Mondthemen.

Mit unseren Freunden fühlen wir uns wie in einem sicheren Hafen. Wir können uns so zeigen, wie wir wirklich sind. Wir teilen die Gedanken, die Gefühle und die intime Sphäre ohne eine erotische Note, die eher zum Prinzip Venus-Mars-Lilith gehört. Die passenden Vergleichs-Aspekte zwischen unserem Mond und dem Mond des Freundes oder der Freundin sind ein Geschenk des Himmels, weil sie den Fluss der Gefühle, der Sympathie und der Emotionen ermöglichen. Positive Gefühle für den anderen werden empfunden, wenn beide Monde in Einklang stehen. Quadrate und Oppositionen zwischen den Monden führen dagegen früher oder später zu Störungen, Missklang und Missverständnissen im täglichen Leben.

Eine besondere Form der Freundschaft besteht oft zwischen einer Frau und einem Freund, der homosexuell ist. Diese Art der Beziehung ist gekennzeichnet durch eine gefühlsbetonte Intimität, die frei von erotischen Komplikationen ist, die die Freundschaft zwischen einem heterosexuellen Mann und einer Frau potenziell gefährden können. Bei der Freundschaft zwischen einer Frau und einem homosexuellen Freund überwiegt der seelische Einklang, dennoch sind die weibliche und die männliche Energie von Mars und Venus deutlich spürbar, die auf eine transformierte Weise gelebt werden.

Wenn bei einer Freundschaft zwischen einem heterosexuellen Mann und einer Frau sexuelle Komplikationen entstehen und aus der platonischen Freundschaft eine intime Beziehung wird, müssen wir die Rolle von Lilith in der Synastrie untersuchen. Jede Beziehung, die von Lilith beeinflusst wird, ist ein Glücksspiel. Die Emotionen schwanken immer zwischen dem Verlangen nach Sex und der Ablehnung einer gefühlsmäßigen Verwicklung.

Der Schmetterling aus Glas

Vor einigen Jahren erlebte ich etwas, das mir die Gewissheit gibt, dass seelische Beziehungen den Tod überleben können. Sie bleiben nach dem Tod bei dem überlebenden Partner auf übersinnliche Weise bestehen. Mein bester Freund, mit dem ich meine Jugend und auch einen Teil meiner reiferen Jahre verbrachte, verstarb im Jahr 1997 mit 43 Jahren an Krebs. Er erkrankte und verabschiedete sich innerhalb von acht Monaten. Er war homosexuell und lebte mit seinem Lebensgefährten auf dem Land in der Nähe von Rom, während ich in Deutschland mit meinem Mann lebte, wo ich nach wie vor bin. Trotz der Entfernung versuchten wir so oft wie möglich zusammen zu sein. Wir besuchten uns gegenseitig und verbrachten

Ferien miteinander. Als Jugendliche waren wir unzertrennlich, täglich zusammen, teilten Kummer und Freude und waren von der Sehnsucht erfüllt, etwas anderes kennenzulernen als das langweilige Leben in der Provinz.

Wir waren sehr verschieden in unseren Persönlichkeiten, aber ergänzend. Unsere Freundschaft war intensiv und tief. Ich bin eine schrullige Wassermann-Frau, er war ein sehr stolzer Löwe-Mann. Daniele hatte Venus in der Jungfrau und liebte Ordnung, ich mit Venus in den Fischen war als junge Frau sehr chaotisch. Sein Mond stand in dem schelmischen Zeichen der Zwillinge, während mein Mond durch die Leidenschaft des Skorpions einen Hang zur Dramatik aufweist. Unsere Verschiedenheit führte selten zu großen Konflikten und wir verstanden uns auf eine umfassende Weise auch ohne Worte. Das Composit-Horoskop spiegelt das Thema und die Aufgabe unserer Verbindung.

Es war echte Freundschaft: Die Sonne im Composit steht im 11. Haus. In dieser Art von Partnerschaftshoroskop symbolisiert die Sonne die Essenz der Beziehung. Mit Sonne im 11. Haus konnte es nichts anderes als Freundschaft sein. Die seelische Partnerschaft wird durch Mond in Konjunktion zu Pluto in Sextil zu Neptun und Trigon zum Nord-Knoten dargestellt. Unsere Verbindung hatte eine telepathische Natur. Die Entfernung bedeutete keine Unterbrechung der Kommunikation, wir träumten voneinander und unsere Gedanken überkreuzten sich. Beide hatten wir individuell und gemeinsam einen spirituellen Weg gefunden.

Mond in Konjunktion zu Pluto und Chiron im 8. Haus erklären die gemeinsame Thematik. Die Konjunktion Mond/Pluto symbolisiert unsere Liebe zu der italienischen Oper. Durch mich hat Daniele Verdi, Donizetti und Bellini kennengelernt und später wurde diese Leidenschaft sein Beruf, er sang als Bariton. Als unsere gleichaltrigen Gefährten sich in den 70er-Jahren mit Pop und Rock beschäftigten, sangen Daniele und ich Duette, sein Lebensgefährte begleitete uns auf dem Klavier. Unser geistiger Austausch ist von dem Zwillinge-AC, von der Konjunktion Mond/Pluto im 3. Haus und von dem Herrscher des AC im 11. Haus beschrieben. Das

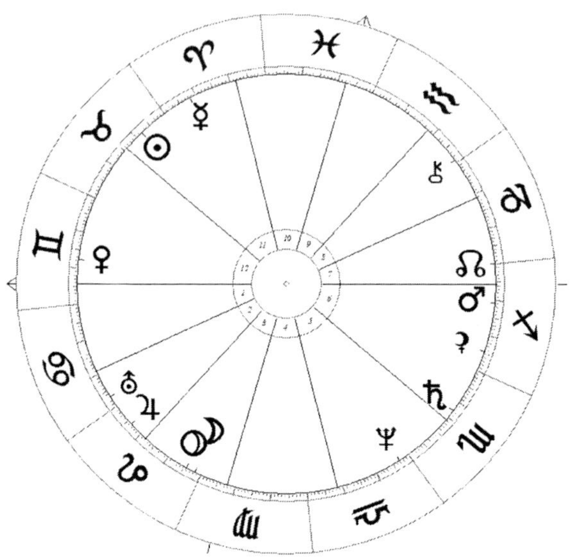

Abbildung 16: Composite Daniele und Lianella

große Thema unserer Freundschaft war die Auseinandersetzung mit dem Tod. Als Kind und Jugendliche hatte ich eine phobische Angst vor dem Tod. Daniele versuchte mich immer zu trösten und mir zu versichern, dass der Tod nicht wirklich existent ist. Er sprach mit mir über die Unsterblichkeit der Seele, doch ich litt weiter unter meiner Angst.

1996 wurde bei Daniele wie gesagt Darmkrebs diagnostiziert. Er verzichtete auf Chemotherapie und ließ sich ausschließlich mit Naturmedizin behandeln. Er hat noch acht Monate gelebt. In dieser Zeit begann ich die Bücher von Elisabeth Kübler-Ross zu lesen, mich mit dem Tod auseinanderzusetzen und versuchte so, meine Angst vor dem Tod zu überwinden. Ich schaffte es, rechtzeitig einen Tag vor seinem Tod aus Deutschland zu ihm zu fahren und konnte seine letzten Stunden mit ihm verbringen. Seit diesem Erlebnis beschäftigte ich mich konstant mit dem Tod. Das Thema ist seit vielen Jahren sowohl für meinen Beruf als auch für meine seelische Arbeit wesentlich.

Im Composit-Horoskop ist Chiron im 8. Haus platziert. Dieses Haus steht für das Thema Tod und Übergang. Chiron im Mythos war schwer verletzt, konnte aber nicht sterben, weil er ein Halbgott war. Er war sehr müde durch seine Suche nach einem Heilmittel und opferte sich für Prometheus, der eine grausame Strafe erleiden musste. Prometheus missachtete das göttliche Gesetz und wurde dafür schwer bestraft. Ein Adler fraß täglich von seiner Leber, die nachts nachwuchs, um am nächsten Tag von dem Adler wieder gefressen zu werden. Chiron erbat Gnade für Prometheus und stellte sich zur Verfügung, mit ihm zu tauschen. Zeus schätze die Geste des weisen Kentaurs Chiron und schenkte ihm die Absolution, damit er endlich sterben konnte und von seinen Schmerzen erlöst wurde. Der Vatergott verewigte Chiron in der Gestalt des Kentaur.

In der Astrologie konfrontiert uns Chiron mit der Unvermeidlichkeit des Todes. In seiner Symbolik ist Krankheit mit der Heilung der Seele verbunden und der Tod ein festgelegter Übergang. Chiron ist der einzige astrologische Faktor, der uns mit der Vorherbestimmung konfrontiert, und alles, was unvermeidlich ist, gehört zu seinem Prinzip.

Auch die schon erwähnte Mond/Pluto-Konjunktion und das Sextil dieser Planeten zu Neptun beschreiben einen gemeinsamen transformativen Weg, der seinen Höhepunkt in der Krankheit und dem Tod des Freundes fand.

Die Mondknoten-Achse steht in Konjunktion zum AC/DC und der Nordknoten ist in Trigon zu Mond/Pluto. Unsere Bindung war Schicksal.

Die Freundschaft zwischen Daniele und mir ist durch seinen Tod nicht beendet. 2012 war ich in Perugia anlässlich eines Kongresses, ich sprach über das vorgeburtliche Programm der Seele aus astrologischer Sicht und verwendete als Beispiel das Radixhoroskop der Sterbeforscherin Elisabeth Kübler-Ross. Während meines Vortrages erwähnte ich, dass Kübler-Ross sehr oft beobachtete, dass Kinder, die im Endstadium ihres Lebens waren, Schmetterlinge malten. Sie assoziierte den Schmetterling mit der Unsterblichkeit der Seele.

Am Abend erhielt ich einen Anruf von Danieles Lebensgefährten. Er teilte mir mit, dass Daniele am kommenden Tag exhumiert werde. Ich wusste sofort, dass ich dabei sein wollte und spürte, dass es für mich wichtig war, anwesend zu sein. Am kommenden Morgen fuhr ich zu Danieles Freund und wir gingen zum Friedhof. Ein Friedhofsarbeiter wies mich darauf hin, vorsichtig zu sein, weil auf dem Boden Glas liege. Ich sah umher und entdeckte einen Teelichtbehälter in Form eines Schmetterlings. Die Botschaft traf mich wie ein Blitz! Daniele teilte mir mit, dass die Seele weiterlebt. Es war die Antwort auf meine jahrelangen Gedanken, Zweifel und Überlegungen zum Thema Leben nach dem Tod. Er versicherte mir, dass das Leben auch nach unserem Übergang weitergeht.

Ich habe das Horoskop für den Moment, als ich den Schmetterling fand, berechnet und fand es sehr bezeichnend. Merkur als Herrscher des 11. Hauses (die Freunde) steht in Konjunktion zum AC, in Trigon zu Uranus im 9. Haus und in Sextil zu Jupiter im 11. Haus. Diese Aspekte symbolisieren eine ungewöhnliche Art der Kommunikation (Merkur/Uranus), die eine Wahrheit verkündet (Merkur/Jupiter). Die spirituelle Qualität wird von Mond in Trigon zu Neptun im 8. Haus unterstrichen. Außerordentlich ist die Tatsache, dass dieses Horoskop meiner Mond-Rückkehr (Lunar) für den Monat entsprach. Der Tag war der 26. Juli, Daniele wäre an diesem Tag 58 Jahre alt geworden.

Die Zeichen, die mir Daniele nach seinem Tod schickte, sind zahlreich. 2014 erlebte ich etwas Seltsames. In meinem Solarhoroskop für dieses Jahr war eine Konjunktion zwischen Mond und Neptun, die sich in Radix wiederholte. Uranus ist in diesem Solar im 8. Haus (Kontakte aus dem Jenseits) in Quadrat zu Jupiter im 11. Haus, dem Haus der Freundschaft. Während ich mit einem Buch über Liebe zwischen Männern auf dem Sofa saß und las, flogen meine Gedanken zu Daniele. Während ich las, hörte ich plötzlich die Noten des TROUBADOUR. Diese Oper war unser Lieblingswerk von Verdi. Zuerst dachte ich, der Nachbar höre Musik, doch dann bemerkte ich mit Bestürzung, dass mein MP3 Player von alleine spielte. Erstaunlich war, dass in diesem Gerät mehrere Opern-Aufnahmen gespeichert waren, und ganz unglaublich fand ich, dass gerade »unsere« Oper ertönte. Ich muss dazu sagen, dass kurz vor diesem Ereignis eine Freundin, die Medium ist, in der Wohnung war. Hat sie das Phänomen mit der Musik verursacht?

Jeder Aspekt, der in einem Solarhoroskop vorhanden ist und sich auch im Radixhoroskop wiederholt, ist für die Erfahrungen in diesem Jahr sehr wichtig. Mond/Neptun ist in meinem Geburtshoroskop der stärkste Aspekt und der Brennpunkt eines T-Quadrats. Da sich im Jahr 2014 dieser Aspekt im Solar wiederholte, hatte ich das Glück, die Bekanntschaft mit dieser medialen Frau zu machen, in deren Gegenwart ich mehrere interessante übersinnliche Phänomene beobachtete.

Für immer Freundinnen

Lina, in den 70er-Jahren Feministin in einer kleinen Provinzstadt, war sehr engagiert und besuchte Frauengruppen, deren Mitglieder für die Autonomie der Frau kämpften. Lina bot sich in einer dieser Gruppen als freiwillige Mitarbeiterin an, um Mädchen zu finden, die Interesse an feministischen Selbsterfahrungsgruppen hatten.

Marcella war ein Mädchen, das Lina nur flüchtig kannte. Sie erschien Lina unerreichbar. Sie hatte seit Jahren Interesse an Marcella und fühlte sich schon als Kind von ihr angezogen. Marcella war ein einsames, seltsames Kind und übte auf Lina eine magische Anziehung aus, Lina hatte aber nie den Mut gefunden, sie mit ihr zu sprechen. Eines Tages jedoch fasste sie sich ein Herz, sprach Marcella an und erzählte ihr von der Frauengruppe. Marcella war interessiert und sagte sofort zu. Als Kind lebte Marcella in einem alten Haus, umgeben von Zypressen, das seitlich des Friedhofs stand, ihr Vater war der Friedhofswärter. Lina ging als Kind jeden Sonntag mit der Oma zum Friedhof, lief am Haus des Wärters vorbei und versuchte immer, Marcella zu erblicken. Sie sah das Mädchen immer allein im

Garten mit ihren Katzen und einem Fuchs spielen. Ihre Blicke begegneten sich, aber sie sprachen nie miteinander. Auch als Teenager war Marcella in Linas Fantasie immer in ihrem Garten gefangen. Sie sah sie nie im Dorf, im Kino oder beim Tanzen – bis zu jenem Tag, an dem sie Marcella zufällig traf und ansprach. Von diesem Tag an entwickelte sich eine tiefe Freundschaft zwischen den beiden jungen Frauen. Sie waren sehr unterschiedlich und zugleich ähnlich und konnten auch ohne Worte miteinander kommunizieren. Beide waren Töchter von ehemaligen Widerstandskämpfern, politisch interessiert, stolz und unabhängig und hatten kein großes Glück mit Männern. Marcella war intellektueller und besuchte das Gymnasium, Lina besuchte ein Institut für Technik. Sie hatten ein gutes Gefühl füreinander und beide liebten Literatur. Zusammen kämpften sie für die Emanzipation der Frau und verbrachten die Nächte rauchend in einem alten Citroën, den Kopf voll mit Utopien.

Ihre Beziehung verlief in den 70er-Jahren nicht im Rausch von Drogen, wie es damals oft vorkam. Sie waren aktiv und wollten ihre Ideale verwirklichen und die Idee, die ihre Zukunft veränderte, entstand fast spielerisch. Sie gründeten eine Genossenschaft, die Frauen zu Arbeit in Museen und Galerien verhalf. Marcella war zehn Jahre Vorsitzende der Genossenschaft und alle Frauen, die dort arbeiteten, waren für sie wie eigene Kinder. Lina erledigte die Organisation, Marcella führte den Vorsitz.

Später hat Lina viele Veränderungen eingeführt, hat Entscheidungen getroffen, die unbequem waren und nicht von allen gutgeheißen wurden. Nur Marcella blieb mit Verständnis und konkreter Hilfe an ihrer Seite. Als Marcella sich der Politik zuwandte, schlug sie Lina vor, den Vorstand zu übernehmen. Lina bevorzugte jedoch weiterhin ihre Organisationsarbeit. Im Alter von 50 Jahren erkrankte Marcella an Krebs und starb nach kurzer Zeit. Die Genossenschaft existiert noch heute und gibt Frauen Arbeit, denn in Italien ist heute eine feste Anstellung fast utopisch geworden.

Die Horoskope der zwei Freundinnen zeigen ihre Persönlichkeiten, ihre Unterschiede und was sie verband.

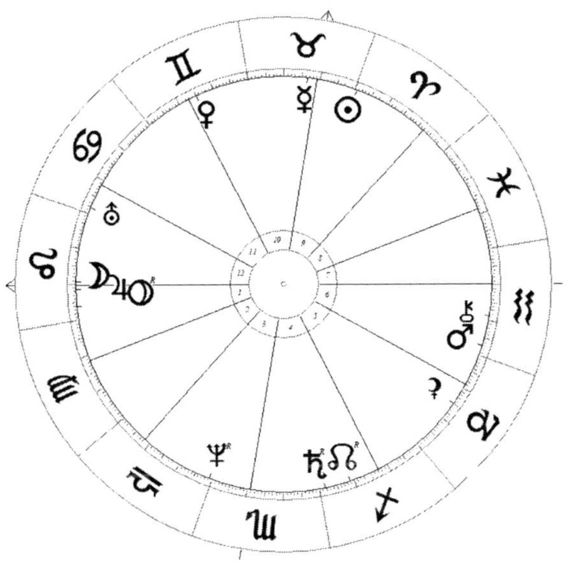

Abbildung 17: Marcella, 19.04.1956, 13:00 MEZ, Massa Marittima

Marcella war eine ehrliche und direkte Persönlichkeit, auf eine Art auch dominant, was sie für eine Führungsposition befähigte. Dies wird in ihrem Radixhoroskop durch Sonne in Widder und Mond und AC in Löwe symbolisiert. Beide Feuerzeichen haben die Neigung zu herrschen, sind begeisterungsfähig und können Projekte verwirklichen. Sie war sehr kämpferisch mit einem Hang zur Politik. Ihr Idealismus (Mars in Wassermann, Sonne im 9. Haus) ließ sie Gutes für ihre Mitmenschen bewirken. Mit Sonne in Quadrat zu Mars wich sie keinem Kampf aus, wenn es um Ideale und Gerechtigkeit ging.

Von Charakter war sie großzügig und als Freundin handelte sie aus dem Herzen (Venus auf der Spitze von Haus 11 in Sextil zu Jupiter in Löwe). Merkur, dominant in Stier am MC, zeigt eine gute Rednerin, die gerne in der Öffentlichkeit wirkt. Was sie sagte, sollte Wirklichkeit werden. So auch, als sie sehr jung die Idee mit der Genossenschaft in die Tat umsetzte. Sonne in Quadrat zu Uranus zeigt eine Person, die sich für Innovation einsetzt und spontan Gegebenheiten verändern kann. Sie hatte Erfindungsgabe. Mit Mars in Wassermann im 6. Haus lagen ihr Routinearbeit am Schreibtisch nicht.

Einen Mann hatte sie nie für längere Zeit an ihrer Seite. Sie war eine Frau, von der Männer sich angezogen fühlten, deren Unterstützung sie annahmen, vor der sie aber gleichzeitig Angst hatten. Da sie sehr dominant, selbstbewusst und unabhängig auftrat, fühlten sich die Männer von ihr eingeschüchtert. Sie hatte viele Freunde und die Frauen der Genossenschaft liebten sie. Dies symbolisiert Venus in den Zwillingen im 11. Haus. Die Konjunktion von Mond zu Jupiter und das Sextil zu Venus symbolisieren eine Frau, die trotz ihres Kampfgeistes liebevoll und großherzig war. Die Aspekte von Venus und deren Stellung im 11. Haus versinnbildlichen Ihr Projekt, die Genossenschaft. Venus ist in ihrem Geburtsbild der Herrscher von Haus 10 (die Berufung).

Lina ist Steinbock mit Aszendent Krebs, hat eine konkrete Natur, deren Stärke Geduld und Verfügbarkeit ist. Sie ist angezogen von Gleichgesinnten und sehr empfänglich für soziale Probleme. Sie kann sowohl im Beruf als auch innerhalb ihrer Familie gut organisieren. Mit Merkur in Schütze in Trigon zu Pluto ist Lina wie Marcella eine Idealistin und leidenschaftlich, wenn es darum geht, Ideen zu verwirklichen.

Lina ist mit Sonne Konjunktion DC sehr offen für eine Partnerschaft und neigt zu langjährigen Beziehungen, Liebe steht für sie an erster Stelle (Venus Trigon Pluto). Während Marcella sehr fortschrittlich war, manchmal chaotisch und explosiv (Sonne in Quadrat zu Uranus und Venus im 11. Haus), ist Lina konservativ, besonnen und rigoros (Sonne, Venus in Steinbock, Mond/Saturn und AC in Krebs). Beide haben sich sehr gut ergänzt, ihr Idealismus und ihre Lust, die Welt zu verändern, waren die Triebfeder ihrer Freundschaft. Beide Freundinnen haben Mond in Sextil zu Venus. Dieser Aspekt macht sie für die Welt und die Probleme der Frauen sehr sensibel. Lina bewahrt die gemeinsamen Ideale und führt nach dem Tod der Freundin die Genossenschaft weiter, wobei die wirtschaftliche Situation Italiens ihr viel Anstrengung und Kämpfe abverlangen.

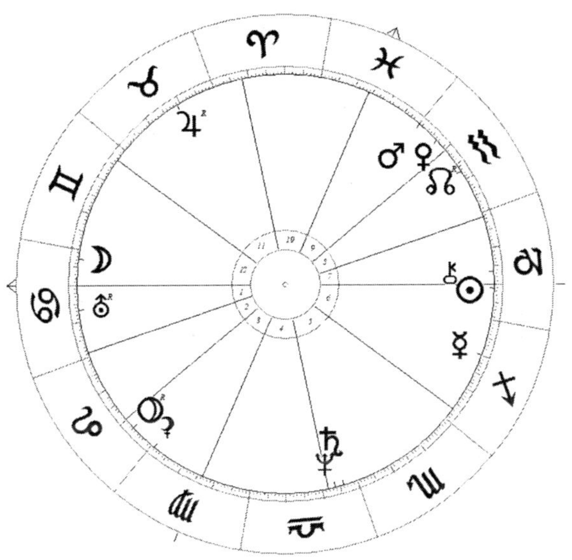

Abbildung 18: Lina: 30.12.1953, 16:50 MEZ, Massa Marittima, I

Die Synastrie ist aussagekräftig, weil die wichtigsten Hinweise auf ihre spezielle Freundschaft gut sichtbar sind. Der Aszendent von Lina fällt ins 11. Haus der Freundin, während der MC von Marcella im 11. Haus Linas platziert ist. Diese Stellungen zeigen ihre Freundschaft und das Projekt Genossenschaft. Die Mondknoten der Freundinnen sind jeweils im 6. Haus der anderen und zeigen die tägliche Zusammenarbeit und die gemeinsame Aufgabe. Die Liebe zu Literatur und schönen Gesprächen wird sichtbar durch den AC Marcellas im 3. Haus von Lina, während Linas Stellium in Skorpion in das 3. Haus der Freundin fällt. Im Vergleich der Horoskope symbolisiert die Sonne in Marcellas 9. Haus und Merkur in Schütze bei Lina ihr gemeinsames Interesse an Reisen und fremden Ländern.

Diese zwei Beispiele bestätigen, dass schicksalhafte Beziehungen fruchtbar sind und ewig bestehen können. Auch wenn ein Partner nicht mehr lebt, kann ein gemeinsames Projekt oder die gemeinsamen Ideale und Interessen weitergeführt werden. Die Freundschaft lebt durch die gemeinsam eingesetzte Energie beständig weiter. Auch das nächste Beispiel ist ein Beweis dafür.

Silvio und Stella – Seelengefährten

Silvio Ravaldini war in Italien ein bekannter Forscher im Bereich der Grenzwissenschaften. Er schrieb ein Buch, in dem er über die Begegnungen und Erfahrungen berichtet, die wichtig für ihn waren, um die andere Dimension und das »Projekt der Seele« zu verstehen. In diesem Buch (IL PROGETTO DELLA MIA ANIMA, zusammen mit Letizia Dotti) widmet er ein Kapitel der Begegnung mit einer Frau, die für sein Leben von großer Bedeutung war. An seiner Beschreibung dieser Beziehung sind die Seelengefährten zu erkennen.

Die Begegnung mit Stella war »zufällig«. Anfangs dachten sie nicht, dass eine Freundschaft daraus werden könnte, aber sie wurden innige Freunde und diese Freundschaft dauerte fünfzig Jahre. Da sie keine Sexualität hatten, gab es die Komplikationen nicht, die aus einer sexuellen Beziehung entstehen können. Die Verbindung stillte das gemeinsame Verlangen nach bedingungsloser Liebe und Ravaldini versichert, dass Stella die wahre Liebe seines Lebens war. Beide waren verheiratet und die strenge Erziehung Stellas erlaubte kein außereheliches Verhältnis. Silvio weihte sie in das Thema Leben nach dem Tod ein und sie durfte ihn während seiner PSI-Forschungen durch Italien begleiten. Stella wurde Mitarbeiterin des Parapsychologischen Instituts in Bologna und erlebte mit Silvio sehr beeindruckende paranormale Phänomene. Dies war das Thema, das beide verband, das ihre Freundschaft stärkte. Zwischen ihnen gab es nur einen Kuss und er gestand ihr seine Liebe, trotzdem hegte Stella Schuldgefühle gegenüber ihrem Mann und Silvios Frau. So blieb ihre Beziehung platonisch.

Leider habe ich die Geburtsstunde von Ravaldini nicht, er berichtet, er sei am 6.12.1925 in Genua geboren. Mich interessierte vor allem festzustellen, ob er in seinem Horoskop Hinweise auf schicksalhafte Begegnungen hatte. Der südliche Mondknoten steht in Konjunktion zu Venus, die in Wassermann – dem Zeichen der Geistesverwandtschaft – platziert ist und zudem in weiter Konjunktion zu Jupiter steht, dem Planet der spirituellen Entwicklung.

Auch ohne genaue Geburtszeit lässt sich etwas über den Mond sagen, der im Löwen steht und eine Konjunktion zu Neptun hat, je nach Geburtsstunde mit einem maximalen Orbis von 8°. Die Aspekte des Mondes lassen den Horoskop-Eigner die Frauen idealisieren. Mond/Neptun-Verbindungen lassen uns auf die Suche nach seelischer Partnerschaft gehen.

Ravaldini erzählt in seinem Buch, dass seine Frau die Freundschaft zu Stella nicht akzeptieren konnte und sehr eifersüchtig war. Es wurde in seiner Ehe deswegen viel gestritten. Eine Freundschaft mit dem anderen Geschlecht, neben der Ehe gelebt, wird im menschlichen Codex nicht gerne akzeptiert. Diese Verbindungen werden als Fremdkörper betrachtet, die der Partnerschaft Wesentliches entziehen. Für einen Menschen wie Silvio Ravaldini, bei dem eine Mond/Neptun-Betonung vorliegt, sind Herz und Seele ein Ozean, in dem verschiedenste Arten von Verbindungen Platz finden. Menschen mit Mond oder Venus in Aspekt zu Neptun haben es schwer, in einer Welt voller Regeln und Vorschriften zu leben. Sie können ihre Fähigkeit zu lieben nicht eingrenzen und neigen deswegen – nicht weil sie unehrlich wären, sondern aus Notwendigkeit – zu heimlichen Beziehungen. Als Ravaldinis Frau verstand, dass seine Beziehung zu Stella nicht sexueller Natur war, verschwand ihre Eifersucht. Ravaldini widmete sein Leben der Forschung medialer und übersinnlicher Phänomene. Die Mond/Neptun-Energie schenkte ihm die geistige Offenheit, um solche Erscheinungen zu erforschen und zu verstehen. Er arbeitete mit Persönlichkeiten wie Ian Stevenson, Hans Bender, Paola Giovetti und mit berühmten Medien wie Corrado Piancastelli, Roberto Setti und Demofilo Fidani. Die Forschung war seine Leidenschaft und die Begegnung mit Stella, die dieses Interesse mit ihm teilte und verstand, war sicher schicksalhafter Natur. In seinem Buch beschreibt Ravaldini seine Liebe zu Stella mit diesen Worten:

Meine Bindung zu Stella blieb, sie wurde mit der Zeit noch stärker. Eine Bindung außerhalb geschriebener Regeln. Sie wurde fast als »Verrat« betrachtet. Der Mensch hört nicht gerne, dass Liebe zwischen Seelen existieren kann, außerhalb und über den Sinnen. Er denkt, dass man die Lebenskomödie innerhalb gesellschaftlicher Normen spielen muss. Und man soll die Grenze dessen, was man »biologisch« nennt, nicht überschreiten. Wer sagt, dass man nur eine Person lieben darf, welche mit uns durch einen Vertrag verbunden ist?

Es sind unsere Seelen – von den meisten Menschen leider nicht für existent gehalten – die absolute Wichtigkeit haben und über die sich nur wenige Menschen Gedanken machen. Sie sind ein Mysterium, wie das Leben ein Mysterium ist. Wenn die Seelen ähnlich sind, suchen und finden sie sich ohne unser Wissen auf geheimnisvollen Pfaden außerhalb von Zeit und Raum (Seite 99).

Adoption

Der den ich liebe, soll frei sein – auch von mir
– Anna Lindbergh –

Während meiner astrologischen Tätigkeit habe ich oft mit Horoskopen gearbeitet, die von engen Verwandten oder von Eltern und Kindern waren. Ich habe immer wieder die Erfahrung gemacht, dass ihre Geburtsthemen sehr konflikthaft und nicht zusammenpassend waren. Nicht selten waren die Beziehungen zwischen diesen Personen problematisch, mit wenig Verständnis für den anderen. In einigen Fällen herrschte Gleichgültigkeit oder Groll anstatt echter Liebe. Dagegen habe ich immer wieder Horoskope vor mir gehabt, die Adoptivkindern und Adoptiveltern gehörten. Bei diesen Horoskopen habe ich immer wieder viel Ähnlichkeiten und Charaktermerkmale gesehen, die verträglich oder verwandt sind. Ich will nun von dem Fall einer Freundin berichten, die ein Kind adoptierte, das nur drei Wochen alt war. Sie schrieb mir:

> Ab dem Moment, in dem wir uns entschieden haben, ein Kind zu adoptiert, egal welche Farbe oder Rasse, haben wir empfunden, als ob ein unsichtbarer Faden uns nach Peru führte. Dorthin zu fahren, um ein Kind zu holen, war für mich, wie wenn ich dorthin fahren würde, um selbst ein Kind zu gebären. Als wir Diego zum ersten Mal sahen, war es als ob wir Drei uns wiedergetroffen hätten. Ich empfand reine Freude, mit dem Gefühl gepaart, so wie es alles läuft, ist richtig!
>
> Unter vielen schwierigen Umständen sind wir einige Monate in Peru geblieben, aber immer mit der Überzeugung, eine Familie zu sein. Unsere Beziehung zu Diego war schon von Anfang an sehr innig. Er war ein sensibles Kind, sehr reif. Unsere Beziehung ist tief, auch weil es mit ihm als Kind mit weniger Problemen verlief. Diego hat mit seinem Charakter auch mich entwickeln lassen, ich bin reifer geworden als Mensch. Als Jugendlicher und als jetzt als junger Mann ist es nicht immer einfach mit ihm, er kann auch sehr

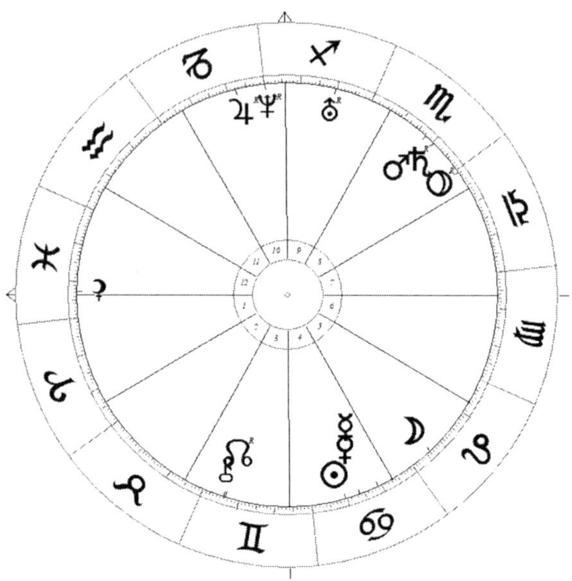

Abbildung 19: Diego

schroff werden und mich auf Distanz halten. Er ist rebellisch und in der Adoleszenz sind die ersten Auseinandersetzungen gekommen. Ich war immer sehr um ihn besorgt und überbeschützend und versuchte ihn mit meinen Ängsten zu beeinflussen. Er dagegen stellte mich immer auf die Probe und oft erschütterte er meine kleine heile Welt. Wenn wir versuchten in aller Ruhe darüber zu sprechen, merkte ich, dass es alles einen Sinn hatte; die Auseinandersetzungen waren Teil unseres individuellen Wachstums. Unsere Beziehung ist voll Liebe, aber auch nicht frei von Konflikten.

Wenn wir das Horoskop von Diego anschauen, erkennen wir die Eigenschaften, die die Mutter in ihrer Mail beschreibt. Der junge Mann hat eine außerordentliche Empfindsamkeit, drei Planeten sind in Krebs, Venus, Sonne und Merkur, sein AC steht in den Fischen. Er hat fast eine weibliche Sensibilität. Vom Wesen her ist er höflich und die Opposition von Sonne und Venus zu Jupiter, welcher in Krebs erhöht ist, verleiht seiner Natur Sympathie und

Begeisterungsfähigkeit. Er ist sehr großzügig, aber gleichzeitig tendiert er dazu, sich ausnutzen und manipulieren zu lassen. Deswegen reagiert er auf die Übergriffe der Mutter kühl und mit Abstand, was seinem Trigon von Saturn in Skorpion zu Venus entstammt. Dieser Aspekt ist der einzige Schutz gegen Übergriffe von außen. Diego reagiert mit Rebellion, wenn die Mutter versucht ihn in zu kontrollieren, weil ihr AC in Konjunktion zu seinem Uranus (Widerspruchgeist, Rebellion) steht. Der AC symbolisiert unsere physische Energie, die Ausstrahlung. Wenn jemand uns zu nahe tritt, verspüren wir seine Energie, und je nachdem kann es unangenehm werden.

Das Radixhoroskop der Mutter zeigt eine überängstliche, unsichere Natur: Ihr Mond in der Jungfrau ist dominant und sie hat eine Konjunktion von Sonne und Saturn nahe an der Spitze vom 12. Haus. Die Besorgnis der Mutter droht die Psyche von Diego zu beeinflussen. Er als Krebs-Mensch spürt dies und versucht sich zu schützen. Diego ist mit seiner Familie sehr verbunden, aber er versucht, auf eigenen Füßen zu stehen, und er tut dies, in dem er sich zurückzieht. Sein Verhalten können wir von den Planeten im 4. Haus in Trigon zu Mars und Saturn deuten. Um nicht in der Kinderrolle zu bleiben, wie es bei vielen Krebs-Menschen der Fall ist, versucht er – obwohl er weiß, dass er seine Eltern verletzt – diese Strategie zu übernehmen, die für seine Entwicklung wichtig ist.

Obwohl Diego adoptiert wurde, zeigt sein Charakter viele Ähnlichkeiten mit der Mutter: Er hat eine Krebs-Sonne, ist sehr sensibel und unsicher, sie hat ihren Mond (Herrscher von Krebs, das Sonnenzeichen des Sohnes) dominant am MC. Die Mutter hat ferner Sonne Konjunktion Saturn in Skorpion, Diego hat Mars in diesem Zeichen in Konjunktion zu Saturn. Im Radixhoroskop des Sohnes steht die Sonne in Konjunktion zu Venus, bei der Mutter ist Venus in Konjunktion zu dem Aszendenten. Der Planet der Harmonie schenkt beiden eine ausgeglichene und höfliche Natur. Die Astrologie liefert uns den Hinweis, dass die Beziehung zwischen Diego und der Mutter wahrscheinlich karmisch oder schicksalhaft ist. Der südliche Mondknoten von dem Sohn ist in Konjunktion zur Venus

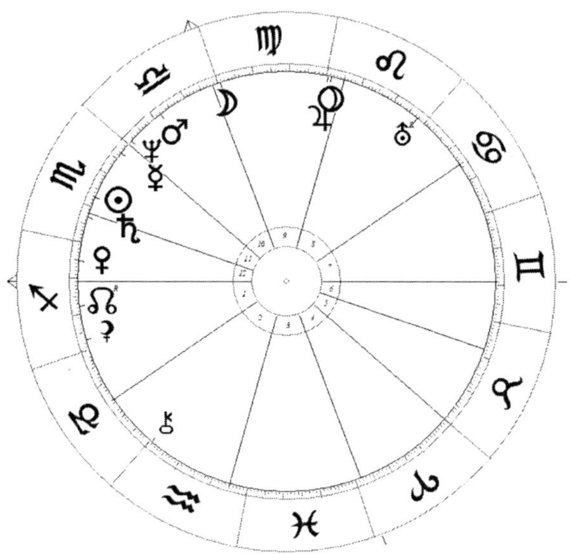

Abbildung 20: Mutter

der Mutter. Der unsichtbare Faden, der die Eltern nach Peru führte, war der Ruf ihrer Seele, die in Einklang mit der Seele des kleinen Diego war, der auf so weit entfernt, in einem fremden Land, wartete.

Wenn wir das Combin und die Synastrie anschauen, merken wir eine starke Betonung des 8. Hauses. Im Partnervergleich fällt die Sonne der Mutter in das 8. Haus von Diego, während sein Mond in dem 8. Haus der Mutter platziert ist. Im Combin stehen die Sonne, der nördliche Mondknoten, Venus und Chiron auch im 8. Haus.

Die Themen dieses Hauses sind ein Leitmotiv in der Beziehung dieser beiden Personen. Die Mutter musste durch die vielen Auseinandersetzungen mit Diego eine Menge psychologische und seelische Arbeit leisten, sie musste lernen, ihn loszulassen. Für Diego haben die viele Kämpfe dazu beigetragen, seine Selbstständigkeit zu behaupten und zu lernen, sich nicht nur von der Familie tragen zu lassen, er musste lernen, auf eigenen Füßen zu stehen. Und vor allem sollte er es schaffen, sich von den Ängsten der Mutter zu befreien und sich nicht von diesen blockieren zu lassen. Eine Menge Transformationsarbeit für beide! Ein weiteres Thema des 8. Hauses ist der Tod. Diese Adoption ist möglich gewesen, weil die beiden Eltern von Diego gestorben sind. Der Vater starb bei einem Unfall vor seiner Geburt und die Mutter infolge der Geburt. Was natürlich auf psychologischer Ebene für Diego nicht einfach ist, innerlich wirkt der Tod der biologischen Eltern auf subtile Weise. Er hat nie den Wunsch geäußert, Spanisch zu lernen oder nach Peru zu reisen, so, als ob er die Umstände um seine Geburt verdrängen möchte. In meinem Buch DAS BEGEGNUNGSHOROSKOP beschreibe ich diesen Fall noch ausführlicher.

Noch ein Fall von Adoption betrifft ein Paar aus Italien, das ein afrikanisches Mädchen adoptiert hat, als es fünf Jahre alt war. Leider kennt man von Nuri die Zeit der Geburt nicht. Auch ihre leiblichen Eltern starben kurz nach ihrer Geburt an Unterernährung. Nuri ist ein gemeinsames Kind der Adoptiveltern, die zuvor schon mit anderen Partnern verheiratet waren. Leider ist der Adoptivvater an einer Krebserkrankung gestorben. Seine Witwe und das Kind vermissen ihn sehr, er liebte Nuri über alles. Auch ohne ihre Geburtsstunde kann man trotzdem die karmische Verbindung zu den Eltern untersuchen.

Wie ich schon in dem zweiten Kapitel geschrieben habe, sind die Aspekte von Lilith zu den persönlichen Planeten in der Synastrie karmischer Natur. In dem Radixhoroskop der Mutter ist Lilith im 11. Haus platziert – das Feld, zu dem Adoptivkinder gehören –und bildet ein Quadrat zu dem Nord-Mondknoten. Diese Stellung und der Aspekt des Schwarzen Mondes ist ein Hinweis darauf, dass im Leben dieser Frau das Thema Adoptivkind karmischer oder schicksalhafter Natur ist. Lilith als weibliches Prinzip offenbart uns, dass es sich um ein Mädchen handelt, ein farbiges Mädchen. Lilith hat immer mit dem Exotischen und Seltsamen zu tun. Die Mutter bezeichnet Nuri als eine starke und stolze afrikanische Frau. Das Mädchen, das jetzt 17 Jahre alt ist, hat eine feurige Stellung von Venus in dem Zeichen Widder, der Mond ist in Stier, die Sonne im Feuerzeichen Schütze in Konjunktion zu Saturn und Mars. Die Lilith von

Nuri steht in Konjunktion zu Saturn und Venus der Mutter, während die Lilith von meiner Klientin im Sextil zu der Konjunktion Mars/Chiron der Tochter steht. Die Beziehung zwischen Mutter und Tochter ist nicht einfach, obwohl sie in wahrer Liebe verbunden sind. Nuri hat bis zu ihrem fünften Jahr sehr traumatische Erfahrungen durchgemacht, unter anderem auch sexuellen Missbrauch, deswegen ist sie kein einfaches Mädchen. Sie muss noch viel verarbeiten und die Mutter versucht ihr beizustehen, um ihr zu helfen, die Traumata zu überwinden.

Auch mit dem verstorbenen Adoptivvater ist Nuri durch starke synastrische Aspekte verbunden. Sie pflegten eine sehr tiefe und liebevolle Beziehung, die an der Konjunktion von dem südlichen Mondknoten des Vaters zur Venus der Tochter zu erkennen ist. Leider symbolisiert der Saturn des Vaters in Konjunktion zum Pluto des Mädchens die schicksalhafte Trennung. Der Tod des geliebten Vaters war für Nuri nochmals ein tragischer Verlust. Auch in dem Horoskop des Vaters entdecken wir die karmische Verbindung zu Nuri: Lilith und Uranus der Tochter sind in seinem 5. Haus in Konjunktion zum Chiron des Vaters. Ein weiterer Vergleichsaspekt, der Verlust und Schmerzen ausdrückt.

Mutter und Tochter sind allein ohne ihn und sind beide noch mit dem Trauerprozess belastet, aber eine tiefe Zuneigung verbindet diese zwei Frauen und hilft ihnen den Verlust zu verkraften. Ihre Verbindung ist nicht frei von Konflikten, aber diese Beziehung enthält ein großes Potenzial an Wachstum.

Die Dreiecksbeziehung

Ich möchte, ich könnte dir so zärtlich schreiben …
– Johannes Brahms –

Eine spannende Geschichte ist die Ehe zwischen dem Musiker Robert Schumann und der Pianistin Clara Schumann. Ein Liebesbund, der sehr leidvoll verlief wegen der Geisteskrankheit Schumanns.

Clara Wieck kannte Robert Schumann schon als Kind. Ihr Vater erteilte dem jungen Schumann Klavierstunden, als Clara elf und Robert zwanzig Jahre alt war. Sie empfand damals schon eine große Zuneigung für ihn, er war in eine Schülerin von Wieck verliebt. Erst als Clara sechzehn Jahre alt und schon eine ausgezeichnete Pianistin war, kamen sie sich näher und tauschten einen Kuss. Ihr Vater stand der Liebe Claras zu Schumann nicht wohlwollend gegenüber und versuchte mit aller Kraft die Liaison zu unterbinden. Er schickte Clara weit weg und nahm ihr die Tinte, damit sie keine Briefe schreiben konnte. Wieck schickte Clara nach Dresden zu Freunden, um sie von Schumann fernzuhalten. Diese Freunde halfen den Liebenden jedoch, sich heimlich zu treffen. 1839 reichten Robert und Clara bei Gericht in Leipzig Klage ein, um die Zustimmung des Vaters zur Heirat zu erzwingen. Wieck versuchte alles, durch sein Zutun das Verfahren zu verzögern. Am 12. September 1840 schließlich genehmigte das Gericht die Eheschließung. Das Ehepaar Schumann lebte eine Weile in Leipzig, ihr Salon wurde von Künstlern wie Hans Christian Andersen, Franz Liszt, Felix Mendelssohn-Bartholdy und vielen anderen berühmten Persönlichkeiten dieser Zeit besucht. In ihrem Wohnzimmer hielten sie Konzerte und Lesungen ab und Clara spielte mit Meisterhand die Musik ihres Ehemannes, sie war seine beste Interpretin. Die Jahre der Verlobung und die Zeit nach der Heirat waren voller Zauber, das Zusammenleben jedoch war für die junge Ehefrau desillusionierend. Der Alltag entfernte sie von dem Zauber der Jahre, als sie um ihre

Abbildung 21: Clara Schumann, 13.09.1819, 23.30 LMT, Leipzig

Liebe kämpfen musste und sich durch die Eheschließung erhoffte, von ihrem herrschsüchtigen Vater befreit zu werden.

Doch auch Schumann zeigte eine kontrollierende Seite. Er war zwar kein Despot wie Claras Vater, aber er verlangte von ihr, sich dem strengen Kodex der Zeit zu beugen. Clara hätte gerne weiterhin ihren Mann auf Tournee begleitet, aber Robert sah das nicht gern, er wollte die Frau an seiner Seite ganz für sich und als Interpretin seiner Musik. Da er zu Hause komponierte, musste Clara auch ihre Übungen auf dem Klavier einschränken. Er mochte auch nicht, dass sie sich ihren eigenen Kompositionen widmete. Zusammen führten sie ein Tagebuch, Claras Eintragungen wurden vom Ehemann gelesen. Da Robert sehr schweigsam war, nutzte Clara das gemeinsame Tagebuch, um mit ihm zu kommunizieren und ihre Ansichten mitzuteilen, intime Gedanken konnte sie dem Tagebuch nicht anvertrauen. So musste Clara ihre Karriereträume aufgeben.

Abbildung 22: Robert Schumann, 8.6.1810, 21:20 LMT, Leipzig

In ihrem Radixhoroskop wird diese Einschränkung sichtbar durch den aufsteigenden Mondknoten im 10. Haus in Quadrat zum AC, der das Umfeld der Person symbolisiert, ebenso zum DC, der die Partnerschaft anzeigt. Die gesellschaftliche Ordnung des 19. Jahrhunderts, in dem Clara lebte, engte sie ein und so konnte sie ihr grandioses Talent nicht voll entfalten.

Robert Schumann hatte eine unsichere und ängstliche Natur, weswegen er die ständige Anwesenheit seiner Frau erwartete, die seine Neurosen lindern konnte. Mit seinem 7. Haus in Krebs erwartete er Unterstützung, Pflege und liebevolle mütterliche Aufmerksamkeit. Ebenso erwartete er, dass sie ihre Kompositionen seinem Stil annäherte. Die Sonne Schumanns steht in seinem Horoskop in Konjunktion zu Mars und in Quadrat zu Pluto, sein Aszendent ist in Steinbock. Diese astrologischen Faktoren sind typisch für ein Temperament, das dominieren und beherrschen will. Seine Macht übte er wahrscheinlich gerne bei der Arbeit und im Alltag aus, wie uns die Sonne/Mars-Konjunktion im 6. Haus erkennen lässt. Mars/Sonne in diesem Feld verstärkt die Neigung, Mitmenschen für eigene Belange einzuspannen. Mit seinen psychischen und gesundheitlichen Problemen hielt er seine Frau in Schach. Da er oft krank war, musste Clara seine Kompositionen am Klavier spielen und auch die Orchester dirigieren. Die angeschlagene Gesundheit Schumanns wird von der Konjunktion Saturn (Herrscher des AC) /Neptun in Opposition zu Sonne im 6. Haus symbolisiert, sein musikalisches Talent durch das zweite Haus in den Fischen widergespiegelt. Dieses Zeichen ist jedoch eingeschlossen und sein Herrscher Neptun ist, wie ich schon erwähnte, in Opposition zur Sonne, die im Haus der Gesundheit platziert ist. Diese Opposition und das eingeschlossene Zeichen Fische behinderten durch die gesundheitlichen Probleme sein musikalisches Schaffen.

In dem Geburtsbild von Clara Schumann bedeutet die Konjunktion zwischen Chiron, Saturn und Pluto im 10. Haus, alle drei in Quadrat zu Neptun, dass sie ihr Talent und ihre Karriere für den Mann opferte. Saturn ist der Herrscher des 7. Hauses, dieser Planet steht in Claras Geburtshoroskop in Haus 10. Die Pianistin musste in den Jahren der Ehe mit Schumann die eigenen Ambitionen einschränken. Dass sie ebenfalls eine talentierte Komponistin war, wird durch die Stellung Neptuns, Herrscher von Haus 10 im 6. Haus, angezeigt (die Inspiration als Teil ihres täglichen Schaffens). Neben ihrer Tätigkeit als Musikerin gebar Clara acht Kinder, eines davon schwer behindert. Als Schumann aufgrund einer nicht ausgeheilten Syphilis-Erkrankung leidend wurde, musste Clara arbeiten und als Solistin bei Konzerten auftreten, um die große Familie ernähren zu können. Diese existenzielle Stresssituation ist im Horoskop durch die Sonne, Herrscher von Haus 2 in Quadrat zu Uranus im 6. Haus, sichtbar.

Ihre Musikalität, ihre Sensibilität und die enorme Schaffenskraft werden vom AC und dem Mond im 1. Haus in Krebs symbolisiert.

Das Composit für Clara und Robert Schumann lässt das Ziel ihrer Verbindung erkennen: Der aufsteigende Mondknoten steht in Konjunktion zum MC; Venus im 5. Haus steht in Konjunktion zum

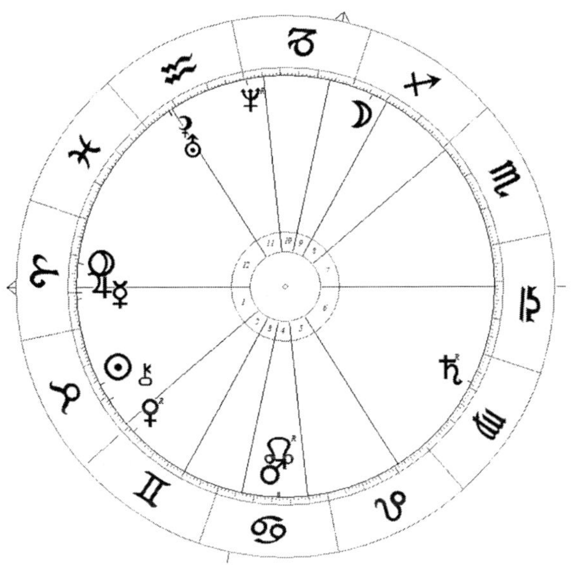

Abbildung 23: Johannes Brahms, 7.5.1833, 03:30 LMT, Hamburg

Mond, beide Planeten sind in Trigon zum AC. Kreativität, Talent und Liebe zu Musik verband sie. Er war der Komponist, sie seine begabte Interpretin.

Das Leben des Ehepaares Schumann wurde durch die Freundschaft zu dem jungen Musiker Johannes Brahms bereichert. Er trat in ihr Leben zuerst als Bewunderer und Schüler von Schumann, später war er ein enger Freund. Der junge Mann half dem Paar bei der Führung des Haushalts und als Betreuer der Kinder. Clara und Robert erkannten sofort das Talent des jungen Musikers und förderten ihn. Es war für die drei Musiker „Liebe auf den ersten Blick", sie übten und musizierten miteinander. Der vierzehn Jahre jüngere Brahms verliebte sich in Clara, die lebenslang seine große Liebe blieb. Erst nach der Einlieferung Schumanns in eine Nervenheilanstalt wurden Clara Schumann und Johannes Brahms enge Freunde. Brahms nahm Clara unter seinen Schutz und lebte eine Weile mit in Claras Wohnung in Düsseldorf. Ob es in dieser Zeit zwischen beiden mehr als Freundschaft war, ist nicht bekannt. Zahlreiche Briefe Brahms an Clara wurden veröffentlicht, in jedem ist die Zuneigung und Bewunderung für die ältere Freundin sichtbar. Am 31. Mai 1856 schrieb er:

> Meine geliebte Clara, ich möchte, ich könnte Dir so zärtlich schreiben wie ich Dich liebe, und so viel Liebes und Gutes tun, wie ich Dir's wünsche. Du bist mir so unendlich lieb, dass ich es gar nicht sagen kann. In einem Fort möchte ich Dich Liebling und allesmögliche nennen, ohne satt zu werden, Dir zu schmeicheln (...) Deine Briefe sind mir wie Küsse.

Clara war in ihren Briefen vorsichtiger und ihre Reaktion auf die Worte Brahms ist nicht bekannt. Sie war eine achtsame Frau und vernichtete ihre Briefe.

Man versteht sofort, dass Brahms sie mehr liebte. Seine Venus ist in Trigon zu Neptun und Mars steht in Krebs, er verkörperte damit die Rolle des romantischen Liebhabers. Der AC in Widder und Jupiter Konjunktion zu AC und Merkur verliehen ihm ein leidenschaftliches Temperament.

Clara wurde mit 37 Jahren Witwe. Aus ihrer Biografie erfahren wir, dass ihre liebevolle Freundschaft zu Brahms ihr Leben lang hielt. Claras Saturn im 10. Haus erlaubte ihr nicht, vor den Augen der Welt die Geliebte eines jüngeren Mannes zu sein. Sie wollte das Bild der treuen Gattin und guten Mutter bewahren (Saturn Herrscher des siebten Hauses). Brahms respektierte dies, er blieb unverheiratet. Es wird angedeutet, dass er sich als älterer Mann in Claras Tochter Julie verliebte, die der Mutter sehr ähnlich war.

Auch das Composit zwischen Clara und Johannes zeigt die Mondknoten dominant, die mit der Achse AC/DC verbunden sind. Diese Konjunktion bestätigt die schicksalhafte Beziehung zwischen ihnen. Sonne in Konjunktion zu Venus ist ein Hinweis auf Liebe oder liebevolle Freundschaft. Die Opposition zwischen Sonne/Venus zu Uranus symbolisiert eine Verbindung, die ungewöhnlich war, in diesem Fall die Liebe zwischen einer älteren Frau

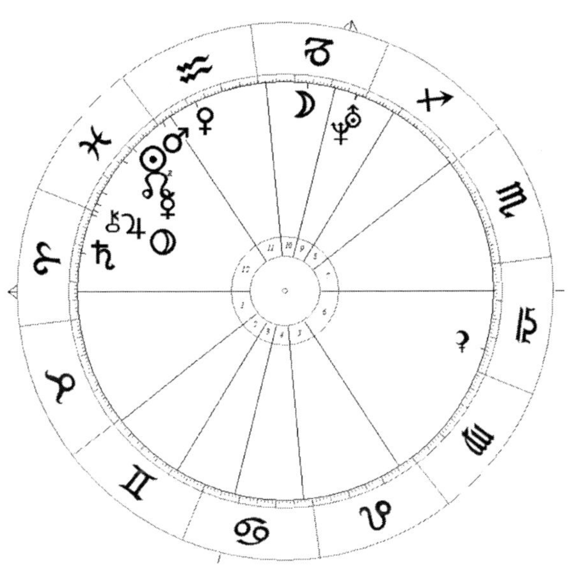

Abbildung 24:
Multicombin Robert Schumann, Clara Schumann und Johannes Brahms

und einem jungen Mann. Lilith im 12. Haus könnte eine Liebesbeziehung zeigen, die heimlich gelebt wurde. Sehr bedeutend für eine schöne, ehrliche und tiefe Freundschaft ist die Stellung Jupiters im 11. Haus in Trigon zu Sonne, Mars und in Sextil zu Neptun.

Das Combin ist auch geeignet, um eine Beziehung zwischen mehreren Personen zu analysieren. Mich interessierte zu erfahren, ob die Freundschaft zwischen Clara und Robert Schumann mit Brahms schicksalhafter Natur war. Wie das Combin der Drei zeigt, wurde meine Vermutung nicht widerlegt.

Das 7. Haus symbolisiert in einem Combin die Beziehung, in diesem Dreier-Combin steht dieses Haus in der Waage. Venus, Herrscher des 7. Hauses, ist in Wassermann im 11. Haus platziert. Diese Stellung der Venus zeigt die ungewöhnliche Qualität der Freundschaft der Drei, die liebevoll und sehr kooperativ war. Die starke Betonung des 12. Hauses deutet auf die vielen Geheimnisse, die diese Beziehung umhüllen. Es ist nicht bekannt, ob Clara die heißen Gefühle von Brahms je erwidert hat oder ob es für sie nur eine Freundschaft war. Nach dem Tod von Robert Schumann hat Brahms fest bei ihr gewohnt, doch ob die körperliche Liebe die zwei Künstler auch verbunden hat, bleibt ein Geheimnis. In einem Briefwechsel zwischen Clara und Brahms lässt sich aufgrund seiner Formulierungen etwas vermuten, aber Clara Schumann hielt sich mit ihren Äußerungen über die Art ihrer Zuneigung zu ihm stets bedeckt. Ob eine heimliche, sexuelle Beziehung zwischen Clara und Brahms bestand, kann man nicht aus dem Horoskop ersichtlich machen, als Robert noch gelebt hat, bestimmt nicht. Das betonte 12. Haus und die darin platzierten Planeten sowie der aufsteigende Mondknoten lassen mehr auf eine sehr idealisierte Dreierbeziehung schließen, die das Körperliche ausgeschlossen hat. Auch Venus in 11 und im Wassermann bekräftigt diese Aussage.

Die Frau wird in diesem Combin von dem Mond symbolisiert, der hier im 10. Haus, nicht weit von MC entfernt, steht. Sie war diejenige, die sowohl die Musik von Robert Schumann als auch die Melodien von Brahms in der Öffentlichkeit gespielt und zur Berühmtheit geführt hat. Sonne, Merkur und die Mondknoten sind im Sextil zu dem MC, diese Sextile zeigen die geteilte Leidenschaft für ihre Berufung als Musiker.

Der ältere Mann, hier also Robert Schumann, hat die Qualität von der Sonne in den Fischen. Er war gesundheitlich und psychisch sehr labil, sein Leben endete in einer Nervenheilanstalt. Bekannt ist auch sein Versuch, sich mit einem Sprung von einer Brücke das Leben zu nehmen. Er hat durch seine Launen und seine körperlichen Leiden das Leben von Clara stark in Anspruch genommen und sie tyrannisiert.

Brahms dagegen wird durch Mars in Wassermann im 11. Haus ersichtlich. Ein junger Freund des Paares, der Lebendigkeit und kreative Ideen in das Leben von Clara und Robert brachte. Mars im 11. Haus zeigt auch, dass die freundschaftlichen Gefühle nicht frei von sexuellem Verlangen (gegenüber Clara) waren. Die Freundschaft zwischen den drei Personen hat lebenslang gedauert, die

Spitze vom 11. Haus fällt in Steinbock. Saturn, der Herrscher vom 10. und 11. Haus, ist im 12. Haus: Visionen und Sehnsüchte wurden in dieser Beziehung zu dritt sehr von der Strenge der damaligen Gesellschaft gebremst und sind unterdrückt worden. Nach dem Tod von Robert Schumann konnte Clara ihre wahren Gefühle für Brahms nicht öffentlich zeigen, eine Mutter von acht Kindern durfte keine Liebesbeziehung zu einem Mann eingehen, mit dem sie nicht verheiratet war. Geschweige denn zu einem Mann, der viel jünger war als sie.

Man erfährt in den Biografien von den drei Musikern, dass ihre Begegnung wie ein Blitzschlag gewirkt hatte: Mars steht in Sextil zu Uranus. Mars ist der Herrscher von AC in Widder, der AC steht in diesem Combin und in den Begegnungshoroskopen für die Qualität des ersten Eindrucks.

Das himmlische Geschenk

Liebe ist eine ewige Reise: herausfinden, wer bin ich und wer ist der andere.
– Giovanni Franzetto –

Es ist nicht einfach zu erfassen, ob eine Bindung karmisch oder schicksalhaft ist, denn das Horoskop darf nicht alle Informationen freigeben, die uns den Lebensplan erkennen lassen würden. Wir können anhand unserer Erfahrungen und Lebensumstände Intuition darüber erlangen, aber die Hintergründe und der Sinn des Lebensplans sind für unser irdisches Bewusstsein ein Mysterium. Wir haben die Aufgabe, bewusst und aktiv zu leben, Veränderungen und Begegnungen als Herausforderung anzunehmen und die Lektionen daraus zu verinnerlichen. So können wir nur ahnen, ob die lehrreichen Begegnungen karmisch oder schicksalhaft sind. Bei unserer Geburt vergisst die Seele die vergangenen Lebensumstände, wie sie auch ihr Leben als Seele zwischen den Inkarnationen vergisst. Dies geschieht als Schutz für uns, damit wir unser Leben ohne die Belastung der alten Erinnerungen meistern können. Wie könnten wir auch eine Beziehung eingehen, wenn uns bewusst wäre, was wir in einer fernen Vergangenheit mit dieser Person erlebt haben? Alle vergangenen Erfahrungen sind in der Seele gespeichert, weswegen wir uns unbewusst von Menschen angezogen fühlen, die wir treffen »müssen«, damit wir Unerledigtes vollenden oder Geplantes durchführen können. Die Seele speichert die erlebten Erfahrungen, mit den erlebten Gefühlen und mit den gewonnenen Erkenntnissen aus dem Erdenleben beendet sie ihren Inkarnationszyklus und verlässt die Erdatmosphäre, um neue geistige Erfahrungen auf höherer Ebene zu gewinnen.

Eine der wichtigsten Aufgaben der Seele ist, hier den Gegensatz zum geistigen Wesen in der geistigen Welt zu erfahren, das Gegenteil zur *bedingungslosen Liebe* dort. Die Seele soll hier den Gegensatz der göttlichen Harmonie erfahren, darum sind seelische Beziehungen, die auf unserem Planeten geschlossen werden, nicht unbedingt harmonisch. Die Lektion der Seele lautet, *von Lieblosigkeit zu wahrer Liebe zu gelangen.* Sie benötigt es, sich vielmals zu inkarnieren, auch mehrere Existenzen als Täter zu verbringen, und dabei auch schreckliche Akte gegen Mitmenschen zu begehen. Keiner von uns ist frei von karmischen Belastungen. Der Entwurf der Seele auf der Erde ist das Eintauchen in eine Welt voller Gegensätze, es ist ein Projekt, das mit vielen Schicksalsschlägen und Schmerz verbunden ist. Beziehungen verursachen die größten Konflikte und Kämpfe zwischen den Menschen und stellen sie ständig auf die Probe. Der Verlust eines lieben Menschen gehört zu den schmerzhaftesten Erfahrungen und oft ist dieser Verlust schon programmiert. Die Liebe unter den Seelen basiert auf dem Dienst, den sie einander erweisen und gründet sich auf der Planung der Inkarnation. Plant eine Gruppe von Seelen ihre Interaktion auf Erden, geschieht dies als gegenseitiger Liebesdienst, denn was sie erleben werden, hilft einer jeden, sich weiterzuentwickeln und spirituell zu wachsen.

Ein Indiz für eine seelische Verbindung ist es, wenn wir feststellen können, wie wichtig diese Begegnung für unsere Entwicklung ist, gleichgültig, ob sie traumatisch oder aufbauend, karmisch oder schicksalhaft ist. Die Wirkung, die sie in unserem Leben hat oder hatte, ist relevant, nicht die Art der Erfahrung. Wenn eine Beziehung uns verwandelt oder verwandelte, ist oder war sie spiritueller Natur.

Verbindungen mit ruhigem und harmonischem Verlauf sind selten spiritueller Art, sie bieten kaum Reibungsfläche und fordern uns nicht heraus. Sie sind eine schöne Pause, wie ein Urlaub fern des Alltags, damit wir ausruhen, um später den Kampf des Lebens fortsetzen zu können. Wie meinem Buch DEN EIGENEN LEBENSPLAN BEWUSST GESTALTEN zu entnehmen ist, sind Seelenpartner nicht unbedingt Partner, die sich in einer Ehe oder als Lebensgefährten binden. Eine seelische Partnerschaft kann auch unter Kollegen oder unter Menschen bestehen, die sich kaum kennen oder sehen.

Die Astrologie ist wertvoll durch die Möglichkeit, Dynamik und Themen unserer Partnerschaften zu begreifen. Ich denke, sie ist ein himmlisches Geschenk, das die »Götter« uns für unsere Erdenreise als begleitenden Kompass mitgaben. Sie ist eine Orientierung für den verworrenen Lebensweg, der uns alle auf dieser Erde erwartet. Astrologie bewusst anzuwenden ist eine große Unterstützung, um das Leben verantwortungsvoll uns selbst und anderen gegenüber zu meistern und in seiner tiefsten Bedeutung zu begreifen.

Über die Autorin

Lianella Livaldi Laun beschäftigt sich seit 1978 mit Astrologie und ist seit 1987 geprüfte Astrologin DAV mit eigener Praxis. Außerdem ist sie Korrespondentin und Mitarbeiterin des italienischen Astrologenverbandes CIDA. Ihre Veröffentlichungen erscheinen regelmäßig in italienischen, deutschen und amerikanischen Fachzeitschriften.

Sie ist Autorin der Bücher *Lilith, die Begegnung mit dem Schmerz* (1994, 4. Auflage), *Jahresthemen im Horoskop* (1996, 3. Auflage), *Liebe und Eifersucht* (1997), *Transite und Träume* (1999), *Lilith im Transit* (2001, 2. Auflage), *Lilith in der Partnerschaft* (2002), *Liebesbeziehungen im Horoskop* (2004, 2. Auflage) *Chiron in der Partnerschaftsastrologie* (2005) *Stundenastrologie in der Partnerberatung* (2007), *Den eigenen Lebensplan bewusst gestalten* (2011) sowie *Das Begegnungshoroskop* (2107).

Anschrift:
Lianella Livaldi-Laun,
Pestalozzistr. 35
79540 Lörrach-Stetten
lianella@yahoo.de
www.livaldi-laun.de

Standardwerke der Astrologie

LIANELLA LIVALDI-LAUN

Lilith

Die Begegnung mit dem Schmerz.
Die Astrologie des Schwarzen Mondes
Broschur, 160 Seiten, 62 Abbildungen

ISBN 3-925100-15-6

Lilith war nach hebräischer Tradition die erste Frau Adams, die dunkle Erscheinungsform der weiblichen Gottheit.
In der Astrologie entspricht Lilith dem Schwarzen Mond. Es handelt sich nicht um einen hypothetischen Planeten, sondern um einen sensitiven Punkt, vergleichbar mit den Mondknoten. Lilith ist per Definition der zweite Brennpunkt der Mondellipse, wobei der erste Brennpunkt von der Erde selber eingenommen wird. Die Umlaufzeit beträgt 3232 Tage, was ca. 9 Jahren entspricht.
Die Autorin untersucht diesen kaum erforschten sensitiven Punkt anhand zahlreicher Horoskopbeispiele. Sie stellt heraus, daß Lilith die nicht integrierte Anima in der männlichen Psyche darstellt, während sie in der weiblichen Psyche den Schatten verkörpert. Lilith der schwarze Mond entspricht dem Prinzip der unerfüllten Wünsche: dem Gefühl, welches nach der Vertreibung aus dem Paradies in uns zurückgeblieben ist.
Neben der Deutung Liliths in den Häusern bespricht Lianella Livaldi-Laun ausführlich die Aspekte zu den persönlichen Planeten.
Der Mond ... galt als höchster Ausdruck der Weiblichkeit, mit positiven und negativen Valenzen; er war für den Menschen immer sichtbar. Lilith hingegen entsprach einem gefährlichen dunklen weiblichen Bild.
Roberto Sicuteri

Standardwerke der Astrologie

LIANELLA LIVALDI LAUN

Lilith im Transit

Der Schwarze Mond im Alltag
152 Seiten, Broschur

ISBN 3-925100-51-2

Lilith trägt trotz ihrer Düsterheit zugleich auch ein höchst kreatives Potential in sich. Dies tritt besonders durch die Transite zum Vorschein, vor allem wenn langsame Planeten beteiligt sind. Der Schwarze Mond aktiviert dabei wichtige Lebensprozesse, die uns mit der Befreiung von unechten Verhaltensweisen konfrontieren. Die Autorin erforscht seit vielen Jahren das astrologische Prinzip Lilith und ist die Wegbereiterin für deren Betrachtung im deutschsprachigen Raum. Mit diesem Buch liegt nun erstmalig eine umfassende Darstellung der Transite des Schwarzen Mondes vor. Es werden alle Transite Liliths zu den Planeten beschrieben sowie die Übergänge der langsamen Planeten über den Schwarzen Mond. Außerdem wird der Transit Liliths durch die einzelnen Häuser und über die Hauptachsen gedeutet. Durch die Gefühle, die uns diese Transite vermitteln, werden wir die Fassade, hinter der wir uns verstellen, nicht mehr brauchen und lernen, mit unseren Mängeln umzugehen.

Die Autorin schöpft aus den Erfahrungen ihrer langjährigen deutungs-praktischen Beschäftigung mit Lilith. Und so kann uns das Buch vielleicht wahrhaftig dazu verhelfen, hinter die Fassade unserer vermeintlich intakten Erlebniswelt zu sehen. merCur

Standardwerke der Astrologie

LIANELLA LIVALDI LAUN

Lilith in der Partnerschaft

Selbstverwirklichung durch den Schwarzen Mond
150 Seiten, 33 Abbildungen, Broschur

ISBN 3-925100-72-5

Lilith steht für das Besondere in einer Beziehung. Sie beeinflusst uns mit einer sehr unberechenbaren Energie, die sich von einem Extrem zum anderen manifestieren kann. Sie vermag manchmal destruktive Auswirkungen haben, uns andererseits aber genauso aus schwierigen Verstrickungen befreien.

Das Drama ist ein Thema, das Lilith zugehört, weil Menschen mit einer starken Lilithbetonung sich in Bezug auf Partnerschaft nach intensiven Erfahrungen sehnen. Lilith spielt auch eine große Rolle bei Beziehungen, die aus den Normen fallen, wie z.B. Beziehungen von homosexuellen Paaren, zwischen Partnern mit einem großen Altersunterschied oder zwischen Personen aus sehr unterschiedlichen kulturellen Gesellschaften. Auch Partnerschaften auf Distanz sind eine Lilith-Entsprechung, denn dadurch werden die Partner vor der gefährlichen Nähe verschont. Es gehört nicht zu der Natur von Lilith, große Opfer für die Partnerschaft und für die anderen aufzubringen, und erst recht nicht, wenn sie sich dazu gezwungen fühlt.

Die Autorin verfügt über eine jahrelange Erfahrung als Beziehungsberaterin. Sie beleuchtet alle Gesichtspunkte einer Partnerschaft mit dem Lilith-Prinzip. Sie zeigt, welche Funktion dies für das eigene Erleben einer Beziehung im Leben einer Frau oder eines Mannes spielt. Neben diesen ausführlichen Deutungen für das Geburtshoroskop bespricht sie Lilith auch im Partnervergleich, im Composit und im Begegnungshoroskop und macht ihre Erkenntnisse durch viele Beispiele aus dem Leben anschaulich.

Standardwerke der Astrologie

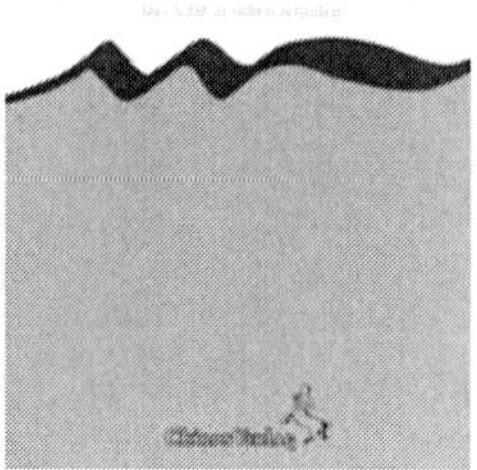

LIANELLA LIVALDI LAUN

Jahresthemen im Horoskop

Das Solar in sieben Schritten
112 Seiten, 32 Abbildungen
ISBN 3-925100-25-3

Dieses Buch gibt dem Anfänger einen leicht nachvollziehbaren Einstieg in die Solartechnik und eröffnet dem Astrologen neue Ansätze für die Arbeit mit dem Jahreshoroskop. Die Frage nach den zukünftigen Trends spielt in der Astrologie immer eine große Rolle. Neben der Beobachtung der Transite kommt dabei dem Solarhoroskop ganz besondere Bedeutung zu. Ein Solar wird auf den jeweiligen Geburtstag berechnet und ermöglicht die prognostische Vorschau auf das kommende Jahr.
Die Autorin arbeitet seit vielen Jahren erfolgreich mit dieser Methode und gibt einen Einblick in die praktische Handhabung der Technik. Sie führt den Leser in sieben Schritten an die Deutung des Solars heran. Anhand zahlreicher Beispiele ermöglicht sie dem Leser die Ausarbeitung der Jahresthemen und berücksichtigt dabei auch die neuen Faktoren Chiron und Lilith.
Einmalig ist ihre Einführung der Solartechnik in die Partnerschaftsastrologie. Dabei gelangt sie zu ganz neuen und für das wechselseitige Miteinander sehr fruchtbaren Ergebnissen.

Alles in allem ein Buch, das als Basislektüre von Anfängern in Prognosetechniken, als auch als Anregungsmaterial von fortgeschrittenen und beratend tätigen Astrologen gelesen werden kann.

Meridian

Standardwerke der Astrologie

LIANELLA LIVALDI LAUN

Liebesbeziehungen im Horoskop

226 Seiten, kartoniert, 2. erw. Auflage

ISBN 3-89997-102-7

Jede tiefe Liebesbeziehung ist ein weiterer Schritt zu Vervollkommnung und Selbsterkenntnis. Die Autorin macht deutlich, dass es in Liebesbeziehungen vor allem darum geht, das Potential zu erkennen, das sich durch die Kraft der Liebe, aber auch durch Konflikte entfalten möchte. Die Astrologie hilft uns, dieses Potential zu erkennen und ein tieferes Verständnis von der Dynamik unserer Beziehungen zu erkennen.
Dieses Buch stellt sowohl bekannte als auch neue Methoden des Partnervergleichs vor und enthält Deutungen zu allen wichtigen Konstellationen in Partnerhoroskopen. Darüber hinaus werden Composit- und Combin-Horoskope ausführlich an anschaulichen Beispielen erläutert. Dadurch gelingt es dem Leser, die vorgestellten Methoden schnell auf seine eigenen Liebesbeziehungen zu übertragen.

Dieses Buch ist wie eine Liebe auf den ersten Blick. Es hat mir gleich gefallen, angefangen von dem erotisch-sinnlichen Titelbild auf dem Umschlag bis zu dem Kapitel über die Liebesbeziehung zwischen Henry Miller und Anais Nin aus astrologischer Sicht. Nur selten wurde so lehrreich und poetisch zugleich, über die Liebe, dieses alte Thema der Menschheit, geschrieben. *Meridian 6/1993*

Standardwerke der Astrologie

LIANELLA LIVALDI LAUN

Chiron in der Partnerschaftsastrologie

Die Versöhnung der Gegensätze
106 Seiten, Hardcover, 25 Abb.
ISBN 978-3-89997-125-5

Gegensätze ziehen sich an, besagt eine Redensart. Aber warum ist dem so? Der Kentaur Chiron – halb Mensch, halb Pferd – trägt diesen unversöhnlichen Gegensatz in sich. So verwundert es nicht, dass er gerade bei ungleichen Partnerschaften immer wieder an prominenter Stelle im Horoskop zu finden ist. Aber Chiron ist auch der Heiler und die Autorin zeigt Ihnen, wie dieser immer wieder bei heilenden und heilsamen Beziehungen eine wichtige Rolle spielt.

Lianella Livaldi Laun zeigt die verschiedenen Formen von Verletzungen in Verbindung mit der Chiron-Thematik sowohl an Konstellationen ihrer eigenen Klienten und Schüler als auch bei Romanfiguren. Dabei bleiben weder die Transite Chirons und ihre Auswirkungen unerwähnt noch die Chiron-Position im Composit. ... Dieses Buch ist für Einsteiger genauso empfehlenswert wie für fortgeschrittene Astrologen, zumal es sehr lebendig und praxisnah geschrieben ist. *Sternzeit 26/2006*

Standardwerke der Astrologie

LIANELLA LIVALDI LAUN

Stundenastrologie in der Partnerberatung

Eine umfassende Deutung mit dem Fragehoroskop

96 Seiten, Paperback, 22 Abbildungen
ISBN 978-3-89997-152-1

Die psychologische Astrologie zeigt dem Klienten Wachstumsprozesse auf, während die Stundenastrologie konkrete Lebensfragen beantwortet. Die Autorin erläutert, wie sich das Stundenhoroskop gekonnt zur Klärung von Partnerschaftsfragen verwenden lässt. Da das Fragehoroskop eine Wirkungsdauer von vier bis sechs Monaten hat, ist die Antwort nie endgültig und legt den Klienten nicht fest. Es zeigt aber, ob der richtige Augenblick für eine Angelegenheit bzw. für eine Beziehung vorhanden ist oder ob es besser wäre zu warten.
Zugleich ist dies ein Einsteigerbuch, das Ihnen die einfachen Regeln der Stundenastrologie nahe bringt.

»Eine höchst anregende Lektüre, die psychologischen Astrologen helfen kann, ihre Berührungsängste vor der Stundenastrologie zu überwinden!« *Erik van Slooten in: Astrologie Heute*

Standardwerke der Astrologie

LIANELLA LIVALDI LAUN

Den eigenen Lebensplan bewusst gestalten

Das Horoskop als Entwurf der Seele
Broschur, 127 Seiten, 23 Abbildungen

ISBN 978-3-89997-195-5

Das Geburtshoroskop ist nichts anderes als die symbolische Darstellung des Charakters, der Persönlichkeit und der möglichen Erfahrungen bezüglich dieser aktuellen Existenz. In ihm ist das angelegt, was im Leben verwirklicht werden soll. Deswegen gibt es für jede einzelne Reinkarnation ein spezielles Horoskop, das die neue Individualität erfasst. Der Charakter, der im Horoskop als Idealfall widergespiegelt wird, sollte aus den Erfahrungen, den Erinnerungen und den zwischenmenschlichen Begegnungen entstehen und den Geist bereichern. Unsere problematischen Erfahrungen sind dabei nicht weniger wichtig als die positiven und aufbauenden. Wir sind aufgefordert, das Horoskop bewusst zu leben, denn die konkreten Erfahrungen sind nicht vorherbestimmt. Aber das Leben hat nur einen Sinn, wenn der Betreffende den im Horoskop angelegten Plan umsetzt.

Wegen des freien Blicks auf Karma und Reinkarnation lohnt die Lektüre dieses Buches schon an und für sich – und wer »Deutungstechnik« sucht, kommt hier ebenfalls auf seine Kosten.

sternZeit 49/2011